Alexander Sinowjew · Die Diktatur der Logik

Alexander Sinowjew
Die Diktatur der Logik

Über den gesunden Menschenverstand
und die sowjetische Gesellschaft

Aus dem Russischen von Alexander Rothstein

Piper
München · Zürich

ISBN 3-492-02906-x
© R. Piper GmbH & Co. KG, München 1985
Gesetzt aus der Aldus-Antiqua
Gesamtherstellung: Mühlberger, Augsburg
Printed in Germany

Inhalt

Der gesunde Menschenverstand

Der gesunde Menschenverstand ist die Fähigkeit, die Welt so zu sehen, wie sie tatsächlich ist, das heißt ohne Trugbild und Selbstbetrug, ohne Illusionen und Selbstüberschätzungen, ohne Übertreibungen und Untertreibungen, ohne übermäßigen Optimismus und düsteren Pessimismus – mit einem Wort: adäquat und realistisch. Der gesunde Menschenverstand basiert auf bestimmten einfachen und offensichtlichen Seinsprinzipien und logischen Regeln des Denkens über die Phänomene unseres Lebens und über die uns umgebende Welt überhaupt.

Weshalb soll also vom gesunden Menschenverstand die Rede sein, wenn seine Bedeutung offensichtlich ist? – Eben weil er gesund ist. Unser Jahrhundert ist durch eine wahrhaft manische Tendenz gekennzeichnet, alle Grundlagen der europäischen Zivilisation zerstören zu wollen – und in erster Linie den gesunden Menschenverstand. Die Zahl der Menschen, die bestrebt sind, dem gesunden Menschenverstand zuwiderzudenken und zu -handeln, ist in unserer Zeit so groß und ihr Einfluß auf die anderen Menschen so stark, daß ausgerechnet jemand, der an den gesunden Menschenverstand appelliert, als Feind des Fortschritts gilt und höchstens Mißtrauen, Spott und Rügen erntet. Die Welt ist überschwemmt von einer trüben Wortflut, die auch noch den Anspruch erhebt, höchstes kulturelles Niveau und geniale Spitzenleistung menschlichen Geistes zu sein. Elemente gesunden Menschenverstandes registriert man meist nur, um sie dem Gelächter preiszugeben, in den Schmutz zu ziehen und zunichte zu machen. Durch nichts zu bremsendes leeres Geschwätz wurde zu einem charakteristischen Phänomen unserer Epoche. Dieses Phänomen entspricht voll und ganz der ebenso ungebremsten Neigung von Millionen Menschen zu nebuloser Selbsteinschätzung, zu Selbstbetrug, Illusionen und unbegründeten Hoffnungen.

Was ist das Ziel dieses Buches? Mein Ziel ist es keinesfalls, Verstand oder Sitten der Menschen zu verbessern.

Ich möchte lediglich über einige interessante sprachliche Phänomene und Denkmodelle sprechen, mit denen ich konfrontiert war, und diese von logischen Gesichtspunkten aus analysieren. Die Auswahl dieser Phänomene unterliegt sicher keinem geheimen System. Ich war bestrebt, nach Möglichkeit verschiedenartige Phänomene dieser Art zu erfassen und sie von verschiedenen Seiten her zu beschreiben. Vom Leser wird dabei keinerlei besondere Vorkenntnis gefordert.

Das Buch besteht aus vielen kurzen, jeweils in sich geschlossenen Texten, die – manchmal in anekdotischer und manchmal in wissenschaftlicher Form – durch den logischen Aspekt der Sprache bei der Betrachtung von Phänomenen der Wirklichkeit verbunden sind. Der logische Aspekt der Sprache hängt damit zusammen, wie wir die sprachlichen Ausdrücke konstruieren und verwenden. Und davon, wie wir mit den sprachlichen Ausdrucksmitteln umgehen, hängen Qualität und Ergebnisse unserer Überlegungen und Gespräche ab.

München, im Oktober 1984   Alexander Sinowjew

Wer nicht stirbt, bleibt am Leben

Ich möchte mir kein Urteil über andere Völker und Nationen anmaßen, aber wir Russen sind geborene Logiker. Urteilen Sie doch selbst:

Ich wurde geboren, als im Land schreckliche Hungersnot herrschte. Man kann sich vorstellen, wie groß diese Hungersnot war, wenn sogar die Russen selbst – seit Jahrhunderten an den Hunger gewöhnt – diese Hungersnot schrecklich fanden! Die Menschen, vor allem Kinder, starben wie Fliegen im Spätherbst. Und auch ich befand mich in einem Zustand, daß niemand mehr daran zweifelte, auch meine Seele werde bald im Paradies sein. Der Dorfpope sagte tröstend zu meiner Mutter: »Nimm es dir nicht zu Herzen, liebe Mutter – wenn dein Sohn nicht stirbt, bleibt er am Leben.« Meine Großmutter, die mir später diese Geschichte erzählte, war immer noch von der prophetischen Gabe des Popen fasziniert. Als ich viele Jahre später Fachmann für Logik geworden war, begriff ich, daß unser ungebildeter Dorfpope damals eine Behauptung aussprach, die zutiefst wahr ist, immer und überall, unabhängig von ihrem Inhalt, kraft ihrer logischen Form. In der Logik nennt man solche Behauptungen Tautologien. Der Pope wußte das freilich nicht. Ich wüßte gerne, was er sich im stillen sagen würde, wenn man ihn mit den vielen anderen Unterdrückten an den Polarkreis schickte! Am ehesten würde er wohl wieder etwas in dieser Richtung sagen: Was geschehen muß, ist unvermeidlich – das ist wieder eine Tautologie, das heißt eine leere, inhaltslose Aussage. Eine Worthülle, die niemanden irgendwie festlegt. Die Ironie der Geschichte besteht darin, daß die Genies der Logik unseres Jahrhunders solche Wortbagatellen zu fundamentalen Gesetzen der Logik von Rang aufbereitet haben.

Wird es geben oder nicht

Schnee oder Regen wird es geben oder nicht – sagten unsere alten, von Lebenserfahrung gewitzten Vorfahren, wenn sie Gliederschmerzen verspürten oder das Rascheln der Schaben hinter dem Ofen vernahmen. Genau wie jener Pope wußten auch sie nicht, daß sie in Kategorien der modernen mathematischen Logik dachten.

Da brach unter Getöse der Weltkrieg aus. Starb Stalin. Las Chruschtschow seine berühmte Rede, in der er die Greueltaten des Stalinismus enthüllte. Alle hatten vergessen, daß ausgerechnet auf Anweisung Stalins der Logikunterricht in Schulen und Instituten eingeführt wurde. In der sowjetischen Philosophie erkannte man, daß es sich bei der mathematischen Logik nicht um eine bürgerliche Irrlehre handelt, sondern um die moderne Form der auf der ganzen Welt gültigen Formallogik, welche – das versteht sich von selbst – der dialektischen Logik den Vorrang einräumt, und dennoch »für den Hausgebrauch« (so die Klassiker des Marxismus) von Nutzen ist. Zwar ist in diesen sogenannten Hausgebrauch die Computertechnik eingedrungen, die in vielem dieser ehemaligen bürgerlichen Irrlehre verpflichtet ist, aber es ist doch leichter, den Bereich des »Hausgebrauchs« durch Einbeziehen der gesamten modernen Technologie zu erweitern, als die unfehlbaren Klassiker der Unwissenheit zu überführen. Man schaffte den Logikunterricht an den Schulen und den meisten höheren Lehranstalten ab, zumal »einige Irrtümer aus der Zeit des Personenkultes« einer Korrektur bedurften. Um so mehr war dieser Unterricht offenkundige Scharlatanerie und sinnlose Zeit- und Geldvergeudung. Dafür gestattete man den gebildeten Sowjetbürgern den Gebrauch unverständlicher Fremdwörter wie »Tautologie«, »Implikation«, »Disjunktion« und so weiter zur Bezeichnung dessen, was für unsere ungebildeten Großväter Binsenweisheiten waren. Und da begann eine Orgie von Freigeisterei, daß die Taschen der kritisch orientierten sowjetischen Intellektuellen um die darin geballten Fäuste fast platzten.

Volkstümliche Logik

Die volkstümliche Denkweise ist im allgemeinen durch inhaltslose Folgerungen und zugleich durch das Ignorieren jeglicher
logischer Regeln gekennzeichnet. So klettert beispielsweise der
Sohn des Nachbarn auf einen hohen Baum. »Wenn du herunter-
fällst und dir die Beine brichst«, brüllt ihn sein wütender Vater
an, »werde ich dir die Ohren abreißen und die Beine brechen!« –
Wir wollen zum Schwimmen aufbrechen. »Wenn ihr ertrinkt«,
droht die Mutter, »dann kommt mir lieber nicht mehr nach
Hause: Ich werde es euch schon geben!« – und niemandem fallen
dabei die logischen Ungereimtheiten solcher Reden auf. Alle haben verstanden, worum es geht. Und der Nachbarsbursche fiel
nicht vom Baum: Er hatte sich nicht so sehr davor gefürchtet,
herunterzufallen und sich die Beine zu brechen, als vielmehr
davor, daß ihm dafür sein Vater die Ohren abreißen und die
Beine brechen werde. Und wir ertranken nicht, da wir vor der
Tracht Prügel Angst hatten, die uns dafür zu Hause erwartete.

Die Begriffe

Termini (Worte und Wortgruppen), deren Bedeutung mittels besonderer Aussagen festgestellt wird, nennt man Begriffe. Diese
Aussagen nennt man Begriffsdefinitionen oder einfach Definitionen. Die Aufgabe von Definitionen besteht darin, mit Hilfe
sprachlicher Mittel festzustellen, welche Gegenstände durch einen gegebenen Terminus bezeichnet werden. So wird beispielsweise die Bedeutung des Wortes »Rhombus« mittels der Aussage

festgestellt: »Einen Rhombus nennt man ein gleichseitiges Viereck«. Diese Aussage ist die Definition der Bedeutung des Wortes »Rhombus«. Dieses Wort jedoch, das mittels der Definition in den Gebrauch eingeführt wird, ist der Begriff.

Eine Definition ist nicht die einzige Methode, Wortbedeutungen festzustellen. Den Großteil der Wörter eignen wir uns durch die Lebenserfahrung an, wenn wir es mit den durch sie bezeichneten Phänomenen zu tun haben, aber auch durch deren Beschreibung und Darstellung. So bedürfen wir beispielsweise für den Umgang mit den Wörtern »Mutter«, »Vater«, »Tisch«, »Haus« usw. keiner Definitionen. Die meisten Menschen haben noch nie Haie gesehen und wissen, ohne – zu ihrem Glück (nicht zum Glück für die Haie, sondern für die Menschen) – ihnen selbst begegnet zu sein, allein anhand von Zeichnungen, Photographien und Beschreibungen, was ein Hai ist. Doch solche Mittel sind keineswegs Definitionen.

Definitionen von Begriffen sind ihrerseits völlig verschiedenartig. Einige von ihnen sind in ihrer Struktur sehr einfach, wie die oben angeführte Definition des Wortes »Rhombus«. Andere wiederum sind sehr kompliziert. In der modernen Wissenschaft werden Definitionen verwendet, die so kompliziert sind, daß bisweilen eine eigene Wissenschaft nur zur Klärung selbst einer kleinen Anzahl von Begriffen erforderlich wäre. Es gibt auch Gruppendefinitionen, in denen zwei oder mehr sprachliche Ausdrücke gleichzeitig verwendet werden. So wird beispielsweise in der Arithmetik die Zahl »eins« gleichzeitig mit dem Zeichen »plus« und dem Begriff der natürlichen Zahl definiert. Dabei erfordert die Definition eine gut konstruierte logische Theorie und ein spezielles Axiomensystem, das die Eigenschaften der Eins und des Verbindungszeichens definiert. Das sind beispielsweise Axiome, deren Sinn man folgendermaßen wiedergeben kann: Durch die Umstellung der Summanden wird die Summe nicht verändert; die Zahl, die sich aus der Addition zur gegebenen Zahl Eins ergibt, ist größer als die gegebene Zahl.

Definitionen unterscheiden sich nicht nur nach dem Schwierigkeitsgrad, sondern auch in anderen Aspekten. Für uns ist hier der Unterschied zwischen vollständigen (oder erschöpfenden) und partiellen Definitionen wesentlich. Letztere teilen sich wieder in hervorhebende und orientierende. Die oben angeführte Definition des Rhombus ist eine erschöpfende Definition. Wenn eine solche Definition angenommen ist, so kann man alle übrigen Eigenschaften des Gegenstandes, der durch den gegebenen Begriff bezeichnet ist, mittels rein logischer Operationen erklären. Diese Definitionen schließen jegliches Geschwätz aus – denn sie sind eindeutig. Die Definitionen der zweiten Gattung heben lediglich den Gegenstand aus einer Menge anderer Gegenstände hervor. Als Beispiel für eine Definition dieser Art kann die Definition des Kapitalismus gelten als Gesellschaftsform, in welcher das private Eigentum die Produktionsmittel beherrscht, sowie Waren-Geld-Beziehungen, Lohnarbeit und Kapital (Erhalt von Profit unter Ausnutzung der Lohnarbeit). Aufgrund derartiger Definitionen sind die Eigenschaften des hervorgehobenen Gegenstandes logisch kaum herauszubekommen. Es ist schon eine spezielle, auf Erfahrung begründete Untersuchung nötig, um diese Eigenschaften wirklich zu klären. Fast alle Begriffe, die Phänomene des gesellschaftlichen Lebens bezeichnen, gehören zur zweiten Kategorie. Solche Begriffe sind »Kommunismus«, »Partei«, »Macht«, »Volk«, »Intelligenz«, »Freiheit«, »Verfügung«, »Ausbeutung« und andere mehr.

Beim Umgang mit derartigen Begriffen muß man folgendes beachten: Verschiedene Menschen können den jeweils für sie interessanten Gegenstand von verschiedenen Gesichtspunkten aus hervorheben, wobei sie in ihren Begriffen nicht so sehr den hervorzuhebenden Gegenstand festlegen, als das, was sie an ihm hervorheben wollen. Selbst wenn sie am Ausgangspunkt dieselben Seiten (Parameter) des Gegenstandes hervorgehoben haben, können sich verschiedene Menschen bei detaillierter Beschreibung des Gegenstandes anschließend in völlig verschiedene

Richtungen bewegen, wobei sie die Zielrichtung ihrer Urteile in den Definitionen mit verschiedener Orientierung festlegen. In der Folge entsteht eine Situation, in der die Menschen anscheinend von ein und demselben Gegenstand sprechen, jedoch »in verschiedenen Sprachen«, und an diesem ihnen gemeinsamen Gegenstand verschiedene Seiten sehen. Die menschlichen Leidenschaften aber, die dieses sprachliche Chaos vertiefen, machen ein gegenseitiges Verständnis praktisch unmöglich. Wenn also Menschen irgendwo Diskussionsgruppen bilden, so einigt sie weniger Einsinnigkeit als vielmehr Komplizenschaft: Die Menschen kommen als Gleichgesinnte um gemeinsamer Interessen willen überein, ohne daß diese jedoch mit der Wahrheit selbst etwas gemein haben müssen.

Die soziale Verantwortung

Als ein Beispiel für soziale Begriffe, die vom logischen Standpunkt aus ziemlich kompliziert sind, betrachten wir den Ausdruck »soziale Verantwortung«.

Die soziale Verantwortung (im weiteren möchte ich dafür kurz das Wort »Verantwortung« gebrauchen) ist die Verantwortung des Menschen für das Schicksal jener Vereinigung von Menschen, der er in dieser oder jener Form angehört oder sich selbst zugehörig fühlt. Dies schließt folgende Komponenten in sich ein:

1) Bewußtsein und Gefühl der Zugehörigkeit des Menschen zu einer besonderen Vereinigung von Menschen.
2) eine bestimmte Auffassung von der Vergangenheit und der Gegenwart sowie eine bestimmte Vorstellung von der Zukunft dieser Vereinigung,
3) bestimmte Handlungen zugunsten dieser Vereinigung.

Der Begriff Verantwortung erhält erst in der Anwendung auf Phänomene seinen Sinn, die bis zu einem gewissen Grad vom Bewußtsein, Willen und Wunsch des Menschen abhängig sind. Wenn irgendein Vorgang jedoch nicht vom Menschen abhängig ist, ist es auch sinnlos, von seiner Verantwortung für dessen Verlauf und Ergebnisse zu sprechen. Beispielsweise trägt der Mensch bisher keinerlei Verantwortung für Aufgang und Untergang der Sonne.

Was hängt nun im öffentlichen Leben von Bewußtsein, Willen und Wunsch des Menschen ab und was nicht? Ich führe zunächst zwei einfache Beispiele an. Das erste: Wenn eine große Anzahl von Menschen gezwungen ist, als einheitliches Ganzes zu leben, so geht von Generation zu Generation ein Zerfallsvorgang in kleine Gruppen vor sich, innerhalb der Gruppen jedoch eine Aufteilung in Führende und Geführte, und es etabliert sich eine Hierarchie sozialer Positionen. Das ist eine unabdingbare Tatsache. Ohne diese Vorgänge ist eine größere Vereinigung als ein Ganzes nicht lange existenzfähig. Doch die Größenordnungen der sozialen Primärgruppen können in bekannten Grenzen differieren. Der Prozentsatz der Führer kann ebenfalls verringert oder vergrößert sein. Und das ist für eine Gesellschaft wichtig – denn im Verhältnis dazu steht der Aufwand für die Führung. Der Unterschied in der Entlohnung von Führenden und Geführten kann minimal bis maximal sein. Dieser Umstand hängt nicht von gewissen absoluten Naturgesetzen ab (solche gibt es gar nicht), sondern von der jeweiligen Veranlagung der Menschen, sich mit sozialen Unterschieden abzufinden oder gegen diese zu protestieren. Das ist ein lebendiger historischer Prozeß. Dieser Kampf zwischen den Menschen ist ein natürlicher Mechanismus, der die sozialen Positionen regelt. Die Aktivität der Menschen zur Einschränkung der objektiven Tendenz zur Ungleichheit ist wiederum ein objektives Element eben dieses Mechanismus zur Erhaltung und Wiederherstellung der Ungleichheit.

Aus diesem Beispiel geht hervor, daß den Menschen nur die universalen Gesetze ihres Verhaltens und ihrer Beziehungen aufgezwungen sind. Doch eben diese Gesetze werden über die willentlichen Handlungen der Menschen verwirklicht, und aus diesem Blickwinkel ist die Evolution der menschlichen Gesellschaft in jenem Maß ein Produkt des guten Willens der Menschen, als sie das Produkt aufgezwungener sozialer Gesetze ist. Der Mensch ist kein totes Teilchen einer toten Natur. Der Mensch ist Subjekt der Geschichte und Gestalter der Geschichte. Wenn Menschen sagen, es liege nicht in ihrer Macht, irgend etwas in der Gesellschaft zu verändern und die gesellschaftliche Entwicklung in eine gewünschte Richtung zu lenken, so haben sie damit nur zum Teil recht. Und deshalb ist die Berufung auf ihre Ohnmacht gegenüber historischen Prozessen, moralisch gesehen, lediglich eine Rechtfertigung für Passivität, Feigheit oder gar üble Absichten und Wünsche.

Die soziale Verantwortung des Menschen ist nicht eine Verantwortung vor irgendeiner abstrakten Menschheit. Die einheitliche und harmonische Menschheit ist ein Mythos, der den einen bei ihren Spekulationen und den anderen bei ihren Irreführungen gelegen kommt. Die reale Menschheit ist ein erbitterter Kampf verschiedener menschlicher Vereinigungen und Gruppen, und dieser Kampf ist oft unversöhnlich und blutig bis zur Vernichtung.

Ihren realen Sinn hat die soziale Verantwortung nur als Verantwortung des Menschen vor einer bestimmten Vereinigung oder Gruppe von Menschen, als eine sich im Laufe der Generationen immer wieder erneuernde Verantwortung – vor einer Klasse, einer Partei, einer Nation, einem Land, einer Gemeinschaft von Völkern, die durch ähnliche Kulturen und Schicksale verbunden sind.

Man muß soziale Verantwortlichkeit und Schuld voneinander unterscheiden. Sozial verantwortlich oder nicht verantwortlich zu sein bedeutet nicht, schuldig oder nicht schuldig zu sein. Die

Vorfahren sind nicht schuld an den Handlungen ihrer Nachkommen. Die Nachkommen sind nicht schuld an den Handlungen ihrer Vorfahren. Doch die Nachkommen sind sozial dafür verantwortlich, die Werke der Vorfahren fortzusetzen und die Ergebnisse ihrer Tätigkeit zu erhalten. Die Vorfahren sind sozial für die historischen Bedingungen verantwortlich, die sie für ihre Nachkommen schaffen. Die Vergangenheit rechtfertigt nicht die Gegenwart: Ursachen sind nicht Rechtfertigungen. Ebensowenig rechtfertigen Absichten für die Zukunft die Gegenwart. Jede Generation ist der Geschichte gegenüber auf ihre Weise verantwortlich.

Ein Mensch kann ein Verbrecher und in moralischer Hinsicht zu verurteilen sein und dabei doch ein hochentwickeltes Gefühl und Bewußtsein für die Verantwortung seiner eigenen sozialen Gruppe gegenüber besitzen. In der Vermischung dieser verschiedenen sozialen Phänomene liegt eine der Ursachen für die widersprüchlichen Einschätzungen historischer Persönlichkeiten und ganzer Epochen.

Die ganze Abhandlung hier ist eine sinngemäße Definition des sprachlichen Begriffs »Soziale Verantwortung« – und dabei nur ein Teil dieser Definition. Wie man sieht, ist eine solche Definition um vieles komplizierter als beispielsweise die Definition des Begriffs »Rhombus«, wie sie uns allen aus den Schulbüchern für Geometrie bekannt ist.

Der Begriff der sozialen Verantwortung ist keineswegs der logisch komplizierteste unter den Begriffen, mit denen heute Millionen Menschen in ihren Äußerungen und Gedanken über das öffentliche Leben, die Situation in der Welt und den Kommunismus operieren. Im folgenden werde ich solche Beispiele näher betrachten, wobei ich diese jedoch nicht pedantisch genau vom logischen Aspekt her untersuchen, sondern mich lediglich auf einzelne Aspekte sprachlicher Phänomene konzentrieren werde.

Warum ist es dann so schlecht?

Vieles, was in der Nachkriegszeit in Intellektuellenkreisen, die dem sowjetischen System kritisch gegenüberstanden, die Form eines Witzes oder einer scherzhaften Anekdote annahm, mußte ich mir schon in meiner Kindheit und Jugend in den gewöhnlichen Unterhaltungen des Volkes anhören, die in keiner Weise besonders geistreich sein wollten. Hier ist zum Beispiel ein »Witz«, der vor meinen Augen entstand. Vielleicht entstand er unabhängig von dieser Begebenheit auch anderswo, vielleicht sogar schon früher. Doch das alte, ungebildete russische Weib, das diesen Witz aussprach, war ganz bestimmt nie und nirgendwohin über ihre Gegend hinausgekommen und hatte keinerlei Bücher gelesen.

Es kam ein Propagandamann aus der Kreisstadt zu uns ins Dorf gereist. Zu welchem Zweck er konkret kam, erinnere ich mich jetzt nicht mehr. Ich erinnere mich nur daran, daß er sehr wortgewandt darüber sprach, wie gut wir doch lebten. »Wenn wir es doch alle so gut haben«, seufzte besagtes Weib nach dem Vortrag auf, »warum haben wir es dann so schlecht?!« – »Halt's Maul«, zischten die anderen Frauen und Männer der Alten zu, »sonst wird's noch schlechter!« Keiner brachte für ihren Einwurf Humor auf. Alle hatten ausgezeichnet verstanden, was das Weib damit sagen wollte und praktisch gesagt hatte: Dieser Schwätzer aus dem Gebietszentrum behauptet, wir hätten es alle gut, aber in Wirklichkeit leben wir schlechter, als man es sich nur ausmalen kann. Das drückte diese Frau, ohne es selbst zu wissen, in Form eines logischen Widerspruchs aus.

Die Freiheit

Man wird kaum ein anderes Phänomen des gesellschaftlichen Lebens nennen können, zu dem es so viele Spekulationen gibt wie zu dem der Freiheit. In gewisser Hinsicht scheint dies ein Brennpunkt für nahezu alle gegenwärtigen Probleme von großer Wichtigkeit zu sein. Sogar das Problem des Krieges hat hier seinen Niederschlag gefunden. Zugegeben – nicht in positiver, sondern in negativer Weise, nämlich in Form des Verbots, Propaganda für einen neuen Weltkrieg zu machen. Wie man sieht, gibt es selbst im Westen, diesem Königreich aller nur erdenklichen unveräußerlichen Menschenrechte und -freiheiten, gewisse Einschränkungen der Freiheit. Man sollte Befürworter der unbegrenzten Freiheit fragen, ob der Mensch das Recht (und die Freiheit) hat, in einer freien Gesellschaft zur Einschränkung der Freiheiten aufzurufen. Und von welchen unveräußerlichen Menschenrechten und -freiheiten man sprechen kann, wenn sie den Menschen systematisch von Jahrhundert zu Jahrhundert genommen werden?

Das Thema Freiheit ist so weit und vielschichtig, daß es praktisch unmöglich ist, es systematisch abzuhandeln. Ich hoffe, der Leser wird mir die folgende, ein wenig chaotische Darlegung verzeihen.

Angeborene und unveräußerliche Freiheiten und Rechte des Menschen existieren in der Natur und Gesellschaft überhaupt nicht. Es handelt sich lediglich um eine bestimmte Art sozialer Beziehungen von Menschen untereinander – und um sonst gar nichts. Wenn man der Sowjetunion vorwirft, es gebe dort keine demokratischen Freiheiten entsprechend den westlichen, so soll diese Anschuldigung – wenn man ihren ideologischen und demagogischen Mantel abwirft – folgendes bedeuten: Das sowjetische soziale System unterscheidet sich von jenem der Länder des Westens. Alles andere sind leere Worte.

Jede Gesellschaftsform entwickelt ihre eigenen Arten von Rechten und Freiheiten des Menschen, ihre eigenen Verbote und Einschränkungen der Freiheit. In jeder Gesellschaft ist der Mensch nur soweit und insofern frei, als dies nicht die Existenz des Gesellschaftssystems und seine unversehrte Ganzheit bedroht. Die Sowjetbürger sind auch nicht mit Nägeln an ihre Stühle festgenagelt. Ihre Münder sind nicht geknebelt. Sie kritisieren ihr Leben nicht weniger als westliche Bürger das ihre. Doch der Westen hat seine eigenen Mittel, die Freiheit seiner Bürger einzuschränken und sie zu den nötigen Verhaltensformen zu zwingen. Die Sowjetunion und der Westen stellen verschiedene Typen sozialer Organisation mit unvereinbaren, nicht austauschbaren Arten von Freiheiten und Verboten dar. Der Westen kann ohnehin die Sowjetunion nicht zwingen, jene Freiheiten zuzulassen, die es im Westen gibt. Und dabei geht es nicht um irgendeine böse Regierung oder das KGB, sondern um die ganze Struktur des sowjetischen Lebens. Selbst wenn die sowjetische Regierung versuchte, mit Gewalt westliche Freiheiten in der Sowjetunion einzuführen, würde sie ein Fiasko erleiden. Dieses würde ins Kriminelle ausarten, in Übertretungen der Normen und Regeln des sowjetischen Lebens und zu einer Massenverwilderung führen. Nicht genug damit, würde eine solche Maßnahme schließlich und endlich den Protest der Bevölkerung hervorrufen.

Es ist ein schöner Gedanke, daß die Freiheit ein Gut sei, Unfreiheit jedoch etwas Böses, und der Mensch gemäß seiner Natur nach Freiheit strebe. Aber im Namen der Freiheit rechtfertigt man Terrorismus, Geiselnahme, Aufstände von Jugendlichen und viele andere Phänomene des westlichen Lebens. Wie soll man beispielsweise von einer angeborenen Glaubens- und Pressefreiheit sprechen, wenn die Religion erst vor verhältnismäßig kurzer Zeit erfunden wurde, der Buchdruck vor lediglich ein paar Jahrhunderten! Für die Freiheit der Ausreise hingegen braucht man zumindest verschiedene Staaten, gesetzlich fixierte Grenzen und eine Staatsbürgerschaft.

Die Überführung der russischen Bauern in den Zustand der Leibeigenschaft war überwiegend freiwillig vor sich gegangen, und deren Befreiung hauptsächlich von wirtschaftlichen Umständen diktiert und nicht etwa von irgendeinem Bedürfnis, zu befreien um einer Freiheit als solcher willen. Die heutige Form der Unfreiheit der Menschen in der Sowjetunion ist weit mehr das Ergebnis von Freiwilligkeit als von Betrug und Gewaltanwendung. Fälle, in denen die Menschen eher daran interessiert sind, diese oder jene Form der Freiheit abzulehnen, sind in der Geschichte kein ungewöhnliches Phänomen. Auch Einschränkungen im persönlichen Verhalten, die sich Menschen aus innerer Überzeugung auferlegt haben, sind in der Geschichte etwas ebenso Gewöhnliches (moralische Einschränkungen zum Beispiel). Einschränkungen von Verhaltensfreiheiten, die von unten her kommen (von der Masse der Bevölkerung selbst), spielen in der Gesellschaft keine weniger wichtige Rolle als die dieser Masse von oben, von den Machthabern auferlegten. Wie die Freiheiten, gibt es auch deren Einschränkungen in realer oder lediglich scheinbarer, fiktiver Form. Wenn Menschen etwas nicht tun, dann heißt das noch nicht, daß sie der sozialen Freiheit dazu beraubt sind. Wenn sie jedoch etwas tun, so bedeutet das noch lange nicht immer, daß sie dafür über die entsprechende soziale Freiheit verfügen. Soziale Freiheiten müssen wie auch ihre Einschränkungen in dieser oder jener Form in Gebräuchen, Traditionen, Gesetzen, einer Ideologie oder in Moralnormen festgelegt sein. Die einen wie die anderen können verletzt werden, und dies geschieht praktisch auch. Verbote irgendwelcher Handlungen werden von den Menschen ebenso oft übertreten wie deren Genehmigungen.

Ein kleiner, rein logischer Exkurs:

Der Begriff der Freiheit bedeutet in der allgemeinsten Form folgendes: Ein Subjekt ist frei, eine bestimmte Bewegung (Handlung) zu vollziehen, wenn es die natürliche Fähigkeit besitzt, Handlungen dieser Art auszuführen und auf keine Hindernisse bei ihrem Vollzug trifft. Wenn ein solches Subjekt über die Freiheit, derartige Handlungen auszuführen, verfügt, jedoch Hindernisse bei deren Vollzug bestehen, so ist dieses Subjekt nicht frei, diese Handlungen zu vollziehen (es ist eingeschränkt, gebunden). Hier ist die Tatsache wesentlich, daß sowohl die Freiheit als auch deren Einschränkung je nach Begriffsdefinition relativ sind – Subjekte sind immer in irgendwelchen bestimmten Beziehungen frei oder unfrei, doch nicht allgemein. Abgesehen davon ist die Anwendungssphäre der Begriffe Freiheit und Unfreiheit begrenzt. Wenn ein Subjekt nicht die natürliche Fähigkeit zur Ausführung von Handlungen einer gegebenen Art besitzt, so ist es sinnlos, die Begriffe Freiheit und Unfreiheit im gegebenen Fall zur Anwendung zu bringen.

Soziale Freiheiten sind kein absolutes Gut, und deren Einschränkungen oder Fehlen kein absolutes Übel. Sie können aus der Sicht der einen Menschen gut und der anderer schlecht sein, gut in der einen Hinsicht und schlecht in einer anderen. So stellen beispielsweise viele sowjetische Emigranten fest, daß sie hier (im Westen) oft unter der Situation leiden, selbst eine Wahl oder Entscheidung treffen zu müssen. Das ist beschwerlich, denn es erlegt dem Menschen zusätzliche Verantwortung für seine Handlungen auf und liefert ihn dem Risiko aus. Es ist überflüssig, festzustellen, daß die Menschen im Westen sich selbst gerne der Bildung eines selbständigen Urteils über viele Fragen des Lebens entziehen, indem sie sich ganz auf Werbung und Presse verlassen.

Überhaupt ist die Freiheit an sich kein Gut, und der Zustand der Unfreiheit an sich noch kein Übel. Das Übel besteht in der Überschreitung des Maßes sowohl des einen als auch des anderen Phänomens. Von diesem Aspekt her betrachtet ist die sowjetische Gesellschaft ein Beispiel für eine Gesellschaft, die ausgezeichnet mit dem Mißbrauch der Freiheit zurechtkommt, selbst jedoch die Mittel der Freiheitseinschränkung mißbraucht. Die westliche Gesellschaft indes liefert ein in der Geschichte der

Menschheit präzedenzloses Beispiel für den Triumph der Freiheit und zugleich auch ein Beispiel für die erstaunliche Hilflosigkeit den Mißbräuchen der Freiheit gegenüber. Es gibt keine optimale Verbindung der Werte des einen mit denen des anderen Phänomens. Die Geschichte kennt nur einen Lösungsweg für die Probleme der Freiheit und der Unfreiheit: Das ist der Kampf zwischen den Menschen, zwischen Gruppen von Menschen, zwischen Ländern und Völkern. Nur der Kampf steckt den historisch verbindlichen Rahmen sowohl für Freiheit als auch Unfreiheit ab.

Es ist zum Gemeinplatz geworden, vom Fehlen der Freiheit in der kommunistischen Gesellschaft und vom geknechteten Individuum in dieser zu sprechen. Und dabei wird gar nicht versucht, zu klären, warum die Bürger der kommunistischen Gesellschaft nicht frei im westlichen Sinne sind. Man stellt nur das Faktum des Fehlens irgendwelcher Freiheiten an sich fest, und dieses Faktum wird zum absoluten Bösen erklärt (die bösen Machthaber vergewaltigen das gute Volk), und den Bürgern wird der Wunsch zugeschrieben, sich von diesem Übel zu befreien. Wenn jedoch ein Volk von vielen Millionen Menschen zuläßt, daß es von jemandem vergewaltigt wird, von Jahrhundert zu Jahrhundert, wenn es keinen sonderlichen Wunsch äußert, für irgendwelche »unveräußerliche« menschliche Freiheiten zu kämpfen, so drängt sich unwillkürlich die Frage nach den Grundlagen eines solchen befremdenden Phänomens auf. Ist dieses Volk nun tatsächlich so unfrei? Und wenn es nicht frei ist, so etwa nur aufgrund von Betrug und Gewalt?

Wenn man vom Problem der Freiheit und der Unfreiheit in der kommunistischen Gesellschaft spricht, muß man all das berücksichtigen, was notwendigerweise mit der Organisation der Gesellschaft selbst und den Bedingungen ihrer gewöhnlichen Existenz verbunden ist, was eine Initiative der herrschenden Schichten der Bevölkerung ist, und was von der Grundmasse der Bevölkerung ausgeht, was die Wechselbeziehung der Kräfte kämpfender Schichten aussagt, was von politischen Erwägungen diktiert ist – mit einem Wort, alle realen Aspekte des Lebens einer Gesellschaft sind zu beachten und nicht etwa abstrakte moralistische Deklarationen oder Wortspekulationen. Dabei muß man all das innerhalb eines Begriffssystems untersuchen, das dieser Gesellschaft adäquat ist, und darf auf diese nicht Begriffe übertragen, die für westliche Gesellschaften noch einen gewissen Sinn enthalten.

Es ist beispielsweise bekannt, daß die Arbeit in der Sowjetunion obligatorisch ist. Praktisch bedeutet dies, daß jeder arbeitsfähige Bürger an irgendein werktätiges Kollektiv gebunden sein und innerhalb dessen eine Arbeit ausführen muß. Personen, die sich der Erfüllung dieser Pflicht entziehen, gelten als Rechtsbrecher und werden in dieser oder jener Form verfolgt. Diese Verordnung wurde nicht eigens für Dissidenten erdacht: Sie ergab sich längst, bevor letztere auftauchten. Zwangsarbeit und Bindung des Staatsbürgers an den Arbeitsplatz sind in der kommunistischen Gesellschaft Ausdruck für die fundamentale Tatsache, daß die arbeitsfähige Bevölkerung nur eine Möglichkeit hat, ihre Existenzmittel zu sichern und ihre grundlegenden Bedürfnisse zu befriedigen – eben indem sie eine bestimmte Arbeit in einem Arbeitskollektiv ausführt. Die Menschen sind hier nicht einfach nur von den Machthabern gezwungen, einem Kollektiv anzugehören. Die sozialen Existenzbedingungen selbst zwingen sie dazu.

Das Bestehen der sowjetischen Zensur ist allgemein bekannt. Doch wieviel Unsinn wird über dieses Thema gesprochen und geschrieben! Wenn man hinhört, ergibt sich dabei folgendes Bild: Gute sowjetische Schriftsteller wollen die Wahrheit in hochkünstlerischer Form schreiben, aber die bösen Machthaber zwingen sie, zu lügen oder wertlose Bücher zu schreiben. Doch leider hat dieses Bild nichts mit der Wirklichkeit zu tun. In der Sowjetunion sind viele tausend Schriftsteller und noch weit mehr andere Menschen in dieser oder jener Form in der Literatur-»Industrie« beschäftigt. Viele Tausend können jedoch nicht

Talente, geschweige denn Genies sein. Sie können kraft der Gesetze von Massenphänomenen lediglich mittelmäßig sein. Ferner werden nur Menschen eines spezifischen Typs zu Schriftstellern erkoren. Sie erhalten eine bestimmte Ausbildung und Erziehung. Sie leben und wirken entsprechend den allgemeinen sowjetischen Bedingungen, das heißt entsprechend den Gesetzen großer Vereinigungen von Menschen. Sie bilden selbst eine soziale sowjetische Struktur mit einer Hierarchie von sozialen Positionen und einer ranggemäßen Güterverteilung. Sie stellen selbst die Basis – und gleichzeitig die höchste Macht in ihrem Bereich dar. Sie sind ein Teil des parteiideologischen Apparates. Sie entscheiden selbst, was und wie sie schreiben, was für den Druck freizugeben und was zu verbieten ist. In ihrem Milieu entwickeln sich einzelne begabte Schriftsteller, was auch einem normalen Phänomen in jeder größeren Gruppe von Schriftstellern entspricht. Doch mit ihnen werden in erster Linie die Schriftstellerkollegen selbst fertig. Spezielle Machtorgane treten erst dann auf den Plan, wenn die Schriftsteller nicht aus eigener Kraft einen widerspenstigen Kollegen zum Schweigen oder zur Einsicht bringen können. Aber die Zensur an sich und überhaupt das System von Textdiskussionen und -redaktionen ist ein Segen für Tausende unbegabter und oft schlecht ausgebildeter sowjetischer Schriftsteller. Sie wird praktisch von den Massenschriftstellern selbst ausgeübt.

Ob ein Mensch in gewisser Hinsicht frei ist oder nicht, weiß er (wissen auch wir) nicht, solange er nicht irgend etwas in dieser Richtung zu unternehmen versucht. So hat beispielsweise formal jeder Mensch das Recht, an einem beliebigen Ort der Sowjetunion zu leben. Doch real existiert das System der offiziellen Anmeldung; daß seine Freiheit begrenzt ist, kann ein Mensch schon bei dem Versuch zu spüren bekommen, sich an seinem Lieblingsort niederzulassen. Für die überwältigende Mehrheit der sowjetischen Bevölkerung sind die »bürgerlichen Freiheiten« ein leerer Wahn: Sie haben gar kein Bedürfnis, in dieser Richtung aktiv zu werden und auch keine Erfahrung mit Erlaubnissen und Beschränkungen. Wenn jedoch vom gesamten Typ einer Gesellschaft die Rede ist, so muß man unzählige Aspekte potentieller und aktueller Aktivität der Menschen untersuchen, bevor man etwas Bestimmtes aussagen kann. Und das Problem, verschiedene Gesellschaftstypen miteinander zu vergleichen, ist noch komplizierter. Nehmen wir beispielsweise die Religionsfreiheit. Bei der Charakterisierung des sowjetischen Systems im Hinblick auf die Freiheit der Bürger fällt dieser Aspekt des Lebens überhaupt nicht ins Gewicht. Die arabischen Länder, in denen die Religion sehr mächtig ist, kann man keineswegs als freier in religiöser Hinsicht gelten lassen als die UdSSR. Noch typischer ist das Beispiel der Homosexualität. Eine Gesellschaft, in der Homosexualität frei ist, ist nicht unbedingt freier als eine Gesellschaft, in der sie verboten ist. Bei der Beschreibung des sowjetischen Systems spielt dieses Phänomen überhaupt keine Rolle. Darüberhinaus ist hier nicht einmal das Verbot von Privatunternehmen ein Anzeiger für das Fehlen von Freiheiten. Um zwei Länder in bezug auf ihre Freiheit vergleichen zu können, muß man bei jedem der beiden die wesentlichsten Aspekte des Lebens der Menschen hervorheben und klären, wieweit jene in diesen Punkten frei sind. Und nur auf einer solchen Grundlage sind dann Vergleiche zu ziehen. Mit anderen Worten, man muß zuerst klären, wieweit Bürger einer gegebenen Gesellschaft frei sind in bezug auf die Lebensbedingungen in ihrer Gesellschaft, und dann die aus den verschiedenen Gesellschaften erhaltenen Ergebnisse miteinander vergleichen.

Es ist sinnlos, allgemein über Freiheiten und Verbote zu sprechen. In der sowjetischen Gesellschaft sind die Menschen in gewissem Sinn genauso frei – anders kann eine Gesellschaft gar nicht lange existieren. Die Menschen wechseln hier ihre Arbeitsplätze; viele schaffen es, auch ohne Arbeit zu existieren, wechseln den Wohnort, sprechen ihre geheimen Gedanken aus, kritisieren die Machthaber und das System selbst, reisen ins Ausland, drucken Bücher. Aber darauf werden viele Kräfte verwandt, mitunter sogar ein ganzes Leben. Das alles ist mit Verlusten verbunden, mit Risiko und sogar lebensentscheidenden Opfern. Und doch ist es das ganz normale Leben einer Gesellschaft. Ihre Freiheiten und Einschränkungen entstehen nicht von selbst. Um sie tobt ein Kampf. Ein täglicher Kampf, an allen Orten im Lande, in allen Schichten der Gesellschaft, in allen Institutionen. Doch dieser Kampf wird nicht in abstrakten Kampfformen um irgendwelche angeborenen Menschenrechte und -freiheiten ausgetragen, sondern in Formen, die für Millionen Bürger der Gesellschaft spürbar sind und auch ein gewisses reales Ergebnis zeitigen. Und so muß man bei den Freiheitsparolen die Interessen bestimmter Personengruppen und ihre Position innerhalb der gegebenen Gesellschaft berücksichtigen, sonst bleiben solche Parolen ohne Erfolg. Dazu muß man wiederum die reale Bevölkerungsstruktur der gegebenen Gesellschaft kennen. Der Westen jedoch untersucht die sowjetische Gesellschaft beharrlich in seinen Begriffen, die, auf sie bezogen, sinnlos sind, und legt an sie seine ziemlich verworrenen, primitiven Vorstellungen von Freiheit und unbestimmten Beurteilungskriterien für alle Vorgänge im Lande an. Freilich gibt es in der Sowjetunion genug Menschen, die sich nicht ungern zu solcher Art Spiel um eine gewisse Freiheit verleiten lassen. Jedoch im großen und ganzen bleibt die Masse des sowjetischen Volkes gleichgültig. Und selbst die Teilnehmer an dem besagten Spiel mit der Freiheit überkommen letztendlich Apathie und Enttäuschung.

Im Problemkreis Freiheit/Unfreiheit gibt es noch einen weiteren Aspekt, der gewöhnlich gerne verschwiegen wird – und zwar die Frage, wie und warum Millionen Menschen ihre Form der Unfreiheit akzeptieren. Es ist möglich, eine nicht allzu große Zahl von Menschen für eine nicht allzu große Zeitspanne mit Lüge und Gewalt zu zwingen, eine bestimmte Form der Unfreiheit auf sich zu nehmen. Doch wenn es um Millionen Menschen und ihr tägliches Leben in einer Zeitspanne von Generationen geht, so reichen Lüge und Gewalt als Erklärung nicht aus. In diesem Falle ist das Problem »Warum sind die Menschen geknechtet?« in seinem Wesen eigentlich das Problem »Warum ziehen die Menschen es vor, geknechtet zu sein?«. Hinsichtlich der kommunistischen Gesellschaft ist dieses Phänomen eindeutig nachzuweisen. Millionen Menschen ziehen die kommunistische Knechtschaft deshalb vor, weil sie von Anfang an und bis in die Wurzeln Verführung und Versuchung ist. Bringt doch der Kommunismus zu Beginn Erleichterungen des Lebens und die Befreiung von vielen Einschränkungen der Vergangenheit mit sich. Und erst auf dieser Basis und im Anschluß daran bringt er auch Erschwerungen des Lebens und Unfreiheit. Er bringt jedoch gleichermaßen Befreiung für die einen und Unfreiheit für die anderen mit sich. Und er tut dies dergestalt, daß die Menschen sofort die Befreiung sehen – und diese ihnen absolut erscheint – und erst danach die Unfreiheit verspüren, die ihnen dann schon als etwas ganz Natürliches, Selbstverständliches und Unvermeidliches erscheint. Der Kommunismus kommt bis zu einem gewissen Grad der großen historischen Versuchung des Menschen entgegen, in der Herde zu leben, ohne schwere Arbeit, ohne ständige Selbstbeschränkungen, ohne Risiko und ohne persönliche Verantwortung für das, was zu tun ist, mit der Tendenz, vereinfacht zu leben, mit einem garantierten Minimum an den Gütern des Lebens. Die kommunistische Unfreiheit ist ein Abkommen von Millionen einfacher Menschen mit der historischen Notwendigkeit.

Der Milizionär und der Esel

In den dreißiger Jahren erzählte man sich in Moskau folgenden Witz: Eine überfüllte Straßenbahn, auf dem Trittbrett hängen noch zwei Gassenjungen; hinter ihnen steht ein Milizionär. »Rat mal«, sagt einer der Jungen zum anderen, »was der Unterschied ist zwischen einem Milizionär und einem Esel?« Der Milizionär packt den einen Jungen am Kragen. »Also, sag, was ist der Unterschied?!« brüllt er drohend. »Ach, lieber Onkel, laß mich los«, fleht der Junge; »k-keiner!« stammelt er. »Na eben«, sagt der Milizionär feierlich und läßt den Burschen los.

Dieser Witz beschreibt genau und umfassend eine Alltagssituation jener Jahre, aber auch die Situation, wie der Witz aufgenommen wird. Die Situationen scheinen sehr einfach und klar zu sein. Aber sehen Sie doch, wie viele Dimensionen – oder Aspekte – diese Phänomene aufweisen, wenn man sie als sprachliche Phänomene betrachtet. Für die Gassenjungen und den Milizionär ist an diesem Vorfall nichts Komisches. Der Junge hatte den Milizionär nicht gesehen. Als er dem anderen seine Frage stellte, konnte er noch gar keine komische Antwort im Sinne haben – beispielsweise, daß ein Esel kein solcher Esel sei, daß er bei der Miliz dienen könnte (ein solcher Scherz war damals durchaus auch üblich). Wäre hier nicht der Milizionär, so gäbe es eine andere komische Situation (auf dieser Kommunikationsebene), die sich mit der Zweideutigkeit des Wortes »Esel« verbinden ließe. Als der Milizionär den Buben anschreit »Also, sag, was ist der Unterschied?«, so ist das keineswegs die Frage danach, was wirklich der Unterschied zwischen den beiden Dingen – Esel und Milizionär – ist. Dem Jungen droht einfach die Gefahr, dafür bestraft zu werden, daß er das Wort »Esel« in einem Atemzug mit dem Wort »Milizionär« aussprach, wobei er eben dadurch (zumindest nach Ansicht des Milizionärs) einen Träger der Macht beleidigte. Als nun der erschrockene Gassenjunge stammelt: »Gar kein Unterschied«, will er damit freilich nicht sagen, daß zwischen einem Milizionär und einem Esel kein Unterschied bestehe. Wie der Milizionär, so ist auch der jugendliche Missetäter ungebildet, und beiden liegen die logischen Feinheiten der Sprache ebenso fern wie die Fähigkeit, solche auch nur zu bemerken. Der Gassenjunge will dem Milizionär lediglich sein Schuldbewußtsein bekunden sowie seinen Vorsatz, nichts Derartiges mehr zu tun. Genauso faßt der Milizionär auch dieses »Kein Unterschied« auf. Und ist mit dieser Reaktion zufrieden. Wir aber, die Hörer dieser Episode von den Gassenjungen und dem Milizionär, sehen uns diese Situation allerdings von einem ganz anderen sprachkulturellen Niveau aus an. Abgesehen davon, daß die Antwort des Jungen »Gar kein Unterschied!« die Gleichsetzung eines Milizionärs mit einem Esel bedeutet, bedeutet für uns die Reaktion des Milizionärs auf diese Antwort über ihren Sinn in der Witzsituation hinaus das Einverständnis des Milizionärs mit einer solchen Gleichsetzung. Diese Vereinigung von zumindest zwei verschiedenen sprachlichen Situationen in einem sprachlichen Text ist es auch, die den komischen Effekt erzeugt.

Unzählige Beispiele – es muß sich dabei nicht um Witze oder Anekdoten handeln – für das Zusammenfallen logisch verschiedener, sprachlicher Situationen in einem Text kann man in Zeitungs- und Zeitschriftenartikeln finden, doch ebenso in den Reden politischer Funktionäre, den Kommentaren von Experten jedes Fachs zu jeglichen Ereignissen, die auf der Welt passieren, und den Meinungsäußerungen von Professoren und anderen Profischwätzern. Und niemand versucht, einer solchen Kollision verschiedener Aspekte sprachlicher Kommunikation auszuweichen oder gar logische Klarheit in einer solchen zu schaffen. Im Gegenteil – jene, die schreiben oder sprechen, trachten eher danach, die Sache zu verschleiern, um aus solchen Verworrenheiten zu profitieren. Wenn in solchen Fällen gelegentlich etwas klipp und klar ausgedrückt wird, so handelt es sich dabei in Wirklichkeit meist um Simplifizierungen, Effekthascherei oder einfach um eine subtilere Verschleierung von Ziel und Zweck der Aussage. Die Sprache ist ein Medium, mit dessen Hilfe auf Menschen Wirkung ausgeübt wird. Hier gibt es eigene Mittel und Regeln. In dieser Funktion verschmilzt die Sprache mit dem Text, der eine Kollision von vielen logisch verschiedenartigen Schichten darstellt, und erzeugt – wieder vom logischen Standpunkt aus betrachtet – solche sprachlichen Ungetüme, daß deren Aufklärung und Analyse viele Jahre mühseliger Kleinarbeit von Fachleuten erfordern würde. Doch die Menschen beweisen hier meistens gesunden Menschenverstand, indem sie diese Phänomene ignorieren oder sie sofort wieder vergessen.

Die abstrakte und die reale Welt

Die Welt, auf die wir nur ein einziges Mal kommen – und das nur für kurze Zeit – und aus der wir dann völlig verschwinden, ist die Welt empirischer Gegenstände, das heißt solcher, die man wahrnehmen kann, die von uns erfaßt und beobachtet werden können, und die in dieser oder jener Form auf unsere Sinnesorgane einwirken. Diese Gegenstände besitzen eine räumliche Ausdehnung, existieren eine bestimmte Zeitlang und in bestimmten Bereichen des Raums, entstehen, verändern sich und werden zerstört, üben eine gegenseitige Wirkung aufeinander aus, sind Folgen irgendwelcher Ursachen und rufen selbst irgendwelche Folgen hervor usw., kurz – auf sie bezieht sich all das, was man in allgemeiner Form über den Inhalt der Forschungstätigkeit der Menschheit sagen kann. Doch die Menschen haben damit nicht genug. Sie besiedeln und erfüllen die Welt mit Gegenständen völlig anderer Art – körperlosen, zeitlosen – also ewigen. Teils ist das ein Anzeichen für die schöpferische Fähigkeit der Menschen, teils geschieht dies absichtlich – teils wiederum unwillkürlich. Teils geschieht dies im Interesse der Erkenntnis, teils im Interesse der Bewußtseinsverwirrung. Und das alles ist in beträchtlichem Maße mit dem Sprachgebrauch als solchem verbunden, mit den Möglichkeiten der Sprache, mit den Operationen zur Konstruktion sprachlicher Ausdrucksweisen.

Wenn wir empirisch faßbare Gegenstände in sprachlichen Ausdrücken festhalten, abstrahieren wir absichtlich oder unwillkürlich, das heißt, wir berücksichtigen die einen Kennzeichen der Gegenstände und ignorieren andere. In den meisten praktisch wichtigen Fällen gehen wir davon aus, daß die Gegenstände auch über andere Kennzeichen verfügen und empfinden ihre hervorgehobenen und in der Sprache festgelegten Kennzeichen nur als eine Art Markierung. Doch sehr oft stehen wir den in der Sprache wiedergegebenen Gegenständen so gegenüber, als verfügten sie nur über die uns bekannten Kennzeichen und über keinerlei andere. Solcherlei Mißbildungen, Ungetüme oder, im Gegenteil, Vervollkommnungen stellen sich uns fast in allen Phänomenen unseres öffentlichen Lebens dar, die die Interessen des Menschen tiefer berühren – Regierungen, Parteien, Massenbewegungen, politischen oder kulturellen Idolen, Oppositionen, Wirtschaftsformen, Freiheit, Diktatur, Demokratie usw. Die Macht der Sprache erweist sich hier mitunter als so gewaltig, daß ein in der Sprache widergespiegeltes Stück Realität weit realer zu sein scheint als die Realität selbst in ihrem ganzen Umfang, mit all ihren positiven und negativen Eigenschaften. Wenn beispielsweise in sprachlichen Ausdrücken wie »demokratische Freiheiten«, »Volksgewalt«, »Gleichheit«, »persönliche Initiative« gewisse positive (aus der Sicht einer Kategorie von Menschen) Eigenschaften einer gegebenen Gesellschaftsordung wiedergegeben sind, so werden die mit solchen Ausdrücken bezeichneten gesellschaftlichen Phänomene ausschließlich als absolute soziale

Tugenden betrachtet. Die Tatsache, daß mit diesen Tugenden in der Realität unausweichlich auch ein gewisses Übel verbunden ist und daß unter anderen Bedingungen dieses Übel überwiegt, wird ignoriert. Doch wenn in sprachlichen Formulierungen wie »Diktatur«, »Ungleichheit«, »Einschränkung der demokratischen Freiheiten« irgendwelche negativen Phänomene des gesellschaftlich-öffentlichen Lebens wiedergegeben sind, so gelten die dadurch bezeichneten Phänomene immer und unter allen Umständen als absolutes Übel. Das Bild der sowjetischen Gesellschaft, wie es sowohl von der sowjetischen Propaganda als auch von den Kritikern der sowjetischen Gesellschaft im Westen gezeichnet wird, liefert in dieser Hinsicht zahllose Beispiele für die sprachliche Verzerrung der Realität.

Aber wir wollen uns nicht bei diesem Punkt aufhalten. Die Sprache erlaubt uns, Termini für Gegenstände zu schaffen, die im Grunde empirisch gar nicht existent sind, und derartige Behauptungen aufzustellen, die niemals und unter keinen Umständen je widerlegt noch bestätigt werden können. Gegenstände dieser Art nennt man abstrakte Gegenstände (zum Unterschied von empirisch überprüfbaren und logisch beweisbaren). Als Beispiel für abstrakte Gegenstände mögen die »materiellen Punkte« in der Physik gelten – die Annahme physikalischer Körper ohne räumliche Maße. Zur selben Kategorie abstrakter Gegenstände gehören auch verschiedenartige »geistige« Wesenheiten, die über keinen Körper verfügen und absolut durchlässig für andere Körper sind, aber auch selbst imstande, jedes beliebige materielle Hindernis zu durchdringen. Als Beispiel für abstrakte Annahmen können die allgemein bekannten Gesetze der Mechanik von Newton dienen.

In einer solchen Wissenschaft werden abstrakte Gegenstände und abstrakte Annahmen zum Zweck einer Erkenntnis über die empirische Realität geschaffen. Es besteht keine Notwendigkeit, ihren Nutzen zu beweisen. Sie dienen auch so als Quelle für Irrtümer und Mystifikationen.

Der abstrakte und der reale Kommunismus

Bezüglich der Phänomene des öffentlichen Lebens erfinden die Menschen zumindest ebensooft abstrakte Objekte, wie in bezug auf Phänomene der Natur. Und ebensooft und hartnäckig ignorieren sie auch den logischen Aspekt solcher Schöpfungen. In ihrer Einbildungskraft verleihen sie diesen reale Existenz oder zumindest die reale Möglichkeit einer solchen Existenz. Ein charakteristisches Beispiel dafür liefern die Texte, in denen der Terminus »Kommunismus« (oder »Sozialismus«) vorkommt.

Die Klassiker des Marxismus schufen ihre kommunistische Gesellschaft, indem sie das praktische Material der Geschichte und ihrer Zeit anwandten, ebenso jedoch auch die realen Geisteshaltungen ihrer Epoche. Sie schufen jedoch diese ideale Zukunftsgesellschaft nach den Gesetzen der Erfindung abstrakter Objekte, ohne sich Rechenschaft über diese Gesetze abzulegen. Sie schrieben der zukünftigen Gesellschaft solche Züge zu, die in Wirklichkeit ohne andere Eigenschaften nicht möglich sind, sie zunichte machen oder bis zur Unkenntlichkeit verwandeln. Andererseits wiederum schlossen sie in der idealen zukünftigen Gesellschaft solche Phänomene aus, ohne die eine Gesellschaft überhaupt nicht existieren kann. Sie ignorierten beispielsweise die Hierarchie sozialer Positionen von Menschen und die notwendigerweise aus dieser hervorgehende soziale und sonstige Ungleichheit, obwohl schon seit zwei Jahrhunderten offensichtlich ist, daß eine hochentwickelte Gesellschaft ohne eine solche Hierarchie überhaupt nicht möglich ist.

Die Klassiker des Marxismus machen in dieser Hinsicht keine Ausnahme. In unserer Zeit begegnet man klugen Leuten, die annehmen, daß der Kommunismus in der Sowjetunion falsch errichtet ist. Sie haben recht, denn jede Realisierung einer abstrakten Richtigkeit ist eine konkrete Unrichtigkeit. Der »richtige« Kommunismus (oder Sozialismus) ist nur ein papierener

Kommunismus, der »unrichtige« jedoch – seine Verwirklichung. Die Realität fällt niemals mit der papierenen »Richtigkeit« zusammen. Sie ist immer »unrichtig«. Der »unrichtige« Sozialismus ist die Realität des »richtigen« – und der »richtige« ist nur eine Abstraktion der Realität, ein Traum, eine Utopie, ein Entwurf. Mit demselben Recht kann man behaupten, daß der Kapitalismus im Westen falsch errichtet ist, und einen »richtigen« Kapitalismus beschreiben, der wiederum auch wie die Verkörperung aller nur denkbaren Tugenden (ähnlich dem »richtigen« Sozialismus) aussehen wird.

Man kann jede empirisch gegebene Realität als Verwirklichung eines Idealmodells betrachten, das durch konkrete Umstände verdorben ist. Und für die reale kommunistische Gesellschaft kann man im Sinne einer wissenschaftlichen Erkenntnis ein Idealmodell dieser Art durchaus konstruieren. Doch dieses Muster wird sich grundsätzlich von der Utopie des »wissenschaftlichen Kommunismus« unterscheiden. Es kann beispielsweise so aussehen: Die kommunistische Gesellschaft ist eine hierarchische Gesellschaft. Innerhalb jeder Schicht der Hierarchie herrscht absolute Gerechtigkeit; alle verfügen über etwa gleichwertige Güter des täglichen Lebens, arbeiten ungefähr in gleicher Weise, haben einen annähernd gleichen Lebensstil. Einer höheren Stufe der Hierarchie entspricht ein höherer Lebensstandard, der auch von allen Seiten als gerecht anerkannt wird. Keinerlei zusätzliche Einnahmequellen, keinerlei Anhäufungen von Gütern: Die Menschen geben alle Mittel aus, wie es heißt – »von Lohn zu Lohn«. Alle Seiten des Lebens der Menschen stehen unter Kontrolle. Erziehung, Ausbildung, Freizeitgestaltung – die gesamte Lebensweise überhaupt ist genormt. Ein solcher Kommunismus wird auch eine Abstraktion bleiben. Doch sein Verhältnis zum realen Kommunismus wird sich von dem des abstrakten marxistischen Kommunismus zum realen Kommunismus unterscheiden. Bei ersterem handelt es sich um das Verhältnis einer wissenschaftlichen Theorie gegenüber einer Realität, bei letzterem gegenüber einer Ideologie.

Logische Klarheit

Wenn ich vorhin behauptete, die Menschen bemühten sich nicht um logische Klarheit, hatte ich nicht ganz recht. Es gab in meinem Leben zumindest einen Fall, in dem mein Gesprächspartner logische Klarheit in einer Sprachsituation forderte.

Als wir zu Kriegsbeginn stürmisch den Rückzug nach Osten antraten, schrieb ich meiner Mutter in einem Brief folgenden Satz: »Der Gegner, den wir in Panik versetzt haben, verfolgt uns.« Der Chef der Sondereinheit las den Brief und zitierte mich sofort zu einer ernsten Aussprache zu sich. »Da stimmt was nicht in deinem Brief«, sagte er zu mir. »›Wir haben den Gegner in Panik versetzt‹ – das ist gut. Aber – ›der Gegner verfolgt uns‹ – das ist schlecht. Man muß es so formulieren, daß es logisch klar ist«, befahl er. »Nachdem wir dem Gegner schwere Verluste zugefügt haben, ziehen wir uns kämpfend auf die zuvor eingenommenen Stellungen zurück. Und ja keine Panik!«

Theoretische Annahmen

In einer wissenschaftlichen Untersuchung sind Annahmen möglich, die an sich entweder überhaupt nicht überprüfbar sind oder empirischen Tatsachen ganz widersprechen. Daß man dennoch solche Annahmen trifft, ist dadurch zu rechtfertigen, daß es mit ihrer Hilfe möglich wird, Ableitungen im gegebenen Bereich der Wissenschaft zu machen und die nötigen Folgerungen zu erhalten. Diese Annahmen sind im Grunde eine Abstraktion, das heißt, hier wurde die prinzipielle Entscheidung getroffen, keinerlei Anzeichen der zu untersuchenden Objekte oder auch nur irgendwelche Anzeichen von Objekten zu berücksichtigen. So können beispielsweise alle Objekte der gegebenen Kategorie als solche gelten, die sich lediglich hinsichtlich ihrer Position im Raum voneinander unterscheiden und die absolut unabhängig voneinander sind usw. Offensichtlich zielen die Absichten des Forschers nicht auf gültige Wahrheiten. Seine Ergebnisse sind weder zu bestätigen noch zu widerlegen. Man kann sie lediglich rechtfertigen oder auch nicht – je nach ihren Folgen. Und obwohl sie an sich bekanntermaßen falsch, unbestimmt oder womöglich gar nicht überprüfbar sind, können die mit ihrer Hilfe erhaltenen Folgerungen als wahr gelten.

Zu theoretischen Annahmen gehören auch solche Behauptungen wie »Jede qualitative Veränderung ist die Folge von quantitativen Veränderungen«, »Die Natur wirkt ununterbrochen«, »Kein natürlicher Prozeß endet augenblicklich (jeder hat eine gewisse Trägheit)« – auf dieser Grundlage beruht das Extrapolieren, »Die Natur macht keine Sprünge« – darauf beruht das Interpolieren; »Alles geht sprunghaft vor sich«, »Alle natürlichen Prozesse erlöschen früher oder später« (hören auf), »Jeder Prozeß erreicht früher oder später eine Grenze«, »Alle Objekte in der Natur bestehen nach einer bestimmten Ordnung«, »In der Natur herrscht das Chaos« usw. Dank der Möglichkeit theoretischer Annahmen sind die Möglichkeiten für Deduktionen offen. Sie behalten ihre Rechtskräftigkeit auch innerhalb der Erforschung von gesellschaftlichen Phänomenen. Mehr noch – bisweilen ist ohne sie eine wissenschaftliche Untersuchung überhaupt ausgeschlossen. Ohne solche Annahmen ist es im Grunde unmöglich, die reale kommunistische Gesellschaft, wie sie sich in der Sowjetunion etabliert hat, wissenschaftlich zu erfassen. Bei den Grundlagen, von denen man in einer solchen Wissenschaft ausgeht, ist einzuräumen, daß sich eine Gesellschaft in genormte soziale Zellen teilt, die wiederum über eine genormte Struktur verfügen; ferner daß die Bürger dieser Gesellschaft alle ihre

Kräfte über eine solche Zelle der Gesellschaft zur Verfügung stellen und wiederum durch diese alle lebensnotwendigen Güter erhalten; ferner daß die soziale Position des Menschen seinem Beitrag, den er der Gesellschaft leistet, adäquat ist; schließlich, daß die Entlohnung je nach Arbeitsleistung des Individuums und seiner sozialen Lage erfolgt usw. Eine solche Gesellschaft existiert freilich in der Realität nicht. Doch wir können nach und nach reale Umstände in Betracht ziehen, die unser ideales, abstraktes Modell deformieren, und Schlüsse ziehen, die durch reale Tatsachen verifizierbar sind. Und das Schicksal der Annahmen, von denen wir ausgegangen sind, hängt davon ab, wie weit die mit deren Hilfe aus ihnen gezogenen Schlüsse der Realität entsprechen und wie genau und vollständig eine auf der Basis solcher Annahmen aufgebaute Theorie es erlaubt, zukünftige Ereignisse vorauszusehen.

Interpretation

Anders verhält es sich mit dem ideologischen Kommunismus. Das Schicksal der Behauptungen, die das ideologische Bild des Kommunismus ausmachen, hängt davon ab, wie wir diese auslegen. Nehmen wir beispielsweise die Behauptung des marxistischen »wissenschaftlichen Kommunismus«, nach welcher in einem vollwertigen Kommunismus folgendes Prinzip zur Verwirklichung gelangt: Von jedem – was er kann, für jeden – was er braucht. Wurde dieses Prinzip in der realen kommunistischen Gesellschaft (in der Sowjetunion in erster Linie) verwirklicht oder nicht? Wird es irgendwann in der Zukunft Wirklichkeit werden oder nicht? Die Antwort auf diese Fragen hängt von der

Interpretation der Ausdrücke »was er kann« und »was er braucht« ab. Man kann diese beispielsweise so interpretieren, daß es realisiert wird oder sogar schon realisiert wurde. Aber man kann es auch so interpretieren, daß es sich niemals erfüllen wird. Die Formulierung »was er kann« kann man im vulgären Sinn des alltäglichen Lebens auslegen, wonach jeder seine in ihm selbst vorhandenen Fähigkeiten entwickeln, zur Schau stellen und von ihnen Gebrauch machen wird. Es ist klar, daß dieses Prinzip niemals in einem solchen Sinn verwirklicht werden wird – zumindest aus folgenden Gründen: Nicht alle beliebigen Fähigkeiten eines Individuums sind für die Individuen seiner Umwelt und für die Gesellschaft insgesamt annehmbar. Nicht alle beliebigen Fähigkeiten sind von Interesse; das Individuum hat einfach nicht genügend Kraft und Zeit, all seine potentiellen Fähigkeiten zu entfalten; ein Individuum hat mitunter überhaupt keine Ahnung davon, wozu es fähig ist. Doch eine solche Formulierung kann man auch anders auslegen, beispielsweise so: 1) Die Gesellschaft legt fest, was als Fähigkeit eines gegebenen Individuums in seiner gegebenen sozialen Position zu gelten hat; 2) im Durchschnitt und in der Tendenz üben Individuen, die von der Gesellschaft zur Ausübung gegebener Funktionen zugelassen werden, diese in den Grenzen ihrer durchschnittlich benötigten Fähigkeiten aus. Dieses Prinzip betrifft nicht die potentiellen, sondern aktuellen (realisierten) Fähigkeiten des Menschen. Wenn man an das Problem der Fähigkeit vom Gesichtspunkt der Masse aus herangeht, so werden die potentiellen Fähigkeiten von Menschenmassen unter gegebenen Umständen in ihren aktuellen Fähigkeiten verwirklicht – und letztere sind der Anzeiger für erstere. Für den einzelnen Menschen kann hier eine Diskrepanz bestehen. Jedoch hinsichtlich des einzelnen sind auch Behauptungen über die angeblich in der Tiefe schlummernden Talente nicht beweisbar. Von in der Tiefe schlummernden Talenten zu sprechen ist nur dann sinnvoll, wenn ein Mensch sein Talent auf eine für seine Umwelt merkbare Weise entdeckt und anschlie-

ßend die Möglichkeit verliert, es weiterzuentwickeln und anzu-
wenden. (Mussorgskij, Lermontow, Jessenin, Majakowskij).
Doch das sind Ausnahmen von der allgemeinen Regel. In der
Regel ist die überwiegende Mehrheit der Menschen durchschnittlich begabt oder durchschnittlich unbegabt, was dasselbe
ist. In einer solchen Auslegung jedoch wird das Prinzip »was er
kann« in einem gewissen Grad und einer gewissen Form in jeder
Gesellschaft realisiert.

Die Formulierung »was er braucht« (wörtlich »je nach Bedürfnis«) läßt ebenfalls verschiedene Interpretationen zu, zumindest
jedoch die folgenden: 1) Es wird ein Überfluß an Gütern des
täglichen Lebens erreicht sein, 2) jedes Bedürfnis des Menschen
wird befriedigt werden, 3) die Gesellschaft wird entscheiden, was
als Bedürfnis des Menschen zu gelten hat. Es ist klar, daß das
Prinzip »was er braucht« im zweiten Sinn niemals realisiert werden wird. Überfluß ist doch ein relativer Begriff, der historisch
definiert ist. Im gleichen Maß, wie er in den vergangenen Jahrhunderten gedacht wurde und man ihn sich vorstellte, wurde er
auch in der sowjetischen Gesellschaft erreicht. Hier gibt es keine
buchstäblich hungernden Menschen, keine Bettler und Obdach-
losen. Und in diesem Sinne ist das Prinzip des Kommunismus
realisiert. Doch auf der Basis der Befriedigung der notwendigen
Bedürfnisse der Menschen entstand eine andere, dem heutigen
Kleinbürger entsprechende Auffassung von Überfluß und vom
Prinzip »was er braucht«, und zwar als Befriedigung aller Wünsche der heutigen Menschen. Aber diese Wünsche wuchsen so
sehr an, daß selbst die offizielle Ideologie der Sowjetunion die
Erfüllung dieses Prinzips auf unbestimmte Zukunft verschob.
Die sowjetischen Menschen stellen sich den Überfluß des Kommunismus heute zumindest als Form des hohen Lebensstandards
gewisser westlicher Länder vor. Die Begründer der Lehre des
marxistischen Kommunismus ahnten wohl kaum, daß Kühl-
schränke und Fernseher Gegenstände von erster Dringlichkeit
werden würden und stellten sich wohl kaum vor, daß ein Auto das

alltägliche Transportmittel werden würde. Doch der zeitgenössische Bürger kann sich den Kommunismus nicht mehr ohne eine Wohnung mit mehreren Zimmern und jedem Komfort, ohne Fernseher und Kühlschrank, ohne privates Auto und ohne Datscha vorstellen.

Die offizielle Ideologie der Sowjetunion witterte die Gefahr, die eine solche Auslegung der wahrlich unvorsichtigen Erklärung der Klassiker des Kommunismus in sich birgt, und begann, von vernünftigen Bedürfnissen zu sprechen, die durch die Gesellschaft kontrollierbar und regulierbar sind. Aber das ist nur eine verkleidete Form, den faktischen Stand der Dinge auszudrücken, im besonderen die Tatsache, daß die Bedürfnisse des Menschen in der kommunistischen Gesellschaft von den Möglichkeiten ihrer Befriedigung bestimmt sind. Die sowjetische Ideologie begann unwillkürlich, zur dritten, soziologischen Auffassung von Bedürfnissen zu neigen: Nicht jeder Wunsch des Menschen ist ein Bedürfnis, sondern nur ein solcher, der von einer Gesellschaft als Bedürfnis dieses Menschen anerkannt werden kann. Das bedeutet jedoch, daß eine gewisse allgemein bestimmbare Ebene der Abdeckung menschlicher Bedürfnisse innerhalb der gegebenen Ebene seiner sozialen Hierarchie angenommen wird, das heißt eine gewisse Verbrauchsnorm. Etwas je nach Bedarf zur Verfügung haben, bedeutet, etwas im Rahmen dieser Norm zu haben, jedoch etwas nicht nach Bedarf haben, bedeutet, die Norm zu überschreiten oder nicht zu erreichen.

In dieser Auslegung ist das Prinzip »je nach Bedarf« in der Sowjetunion bereits verwirklicht. Ja sogar in vielen nichtkommunistischen Ländern. In dieser Auslegung hat es nämlich nichts mit Kommunismus gemein.

Wer hat die Verfassung geschrieben?

Als im Jahre 1936 der Entwurf der neuen Verfassung der UdSSR, die später Stalinistische Verfassung genannt werden sollte, publiziert war, reisten Propagandaleute bis in die tiefsten Winkel des Landes, um den Entwurf »volksnah« zu vermitteln. Einige Zeit später beschloß man zu prüfen, wie gut das werktätige Volk die Lektion, die ihm die Propagandaleute erteilt hatten, gelernt hatte. Auf die Frage, wer die Verfassung geschrieben habe, antworteten die Bewohner eines kleinen Dorfes der finstersten Provinz: »Kurotschkin war es.« Die Organe des Staatssicherheitsdienstes führten natürlich eine Untersuchung durch, wie es zu einer solchen Antwort der Dorfbewohner hatte kommen können. Es ergab sich folgendes: Der erste Propagandafachmann in diesem Dorf war ein gewisser Kurotschkin. »Die Verfassung«, erklärte dieser Kurotschkin, wobei er sich im folgenden einer geläufigen und offiziell gebilligten Sprachschablone bediente, »hat das ganze sowjetische Volk verfaßt, dazu gehöre auch ich, du« – dabei zeigte er auf einen der Dorfbewohner – »du« – er zeigte auf einen anderen – »du . . .« – und so nahm er sich alle Anwesenden vor. Als Kurotschkin abreiste, fragten die Dorfbewohner einander, ob sie denn die Verfassung geschrieben hätten. Das wurde natürlich von allen verneint. Also, schlossen die Bewohner übrigens völlig logisch, stammte die Verfassung von Kurotschkin.

Später wurde aus dieser Geschichte eine lustige Anekdote. Den Dorfbewohnern und dem Propagandamann Kurotschkin allerdings war, wie man sich vorstellen kann, nicht nach Lachen zumute, als die Beamten des Staatssicherheitsdienstes ohne Sinn für Humor mit ihnen sprachen. Die Dorfbewohner waren damals noch nicht gewohnt, mit offiziellen Sprachformeln als Phänomenen umzugehen, die nicht einmal mit den primitivsten Regeln der Logik in Einklang zu bringen sind. Dafür erfüllten später Sprachungetüme dieser Art das Leben der sowjetischen Menschen in einem solchen Ausmaß, daß für Logik überhaupt kein Raum mehr blieb.

Sowjetismus und Sowjetisierung

Die Worte »sowjetisch« und »Sowjetisierung« liefern in der Form, wie sie gewöhnlich verwendet werden, ein typisches Beispiel für die Vieldeutigkeit und Unbestimmtheit von Begriffen. Das neue Sozialsystem erstand im ehemaligen russischen Imperium für die breite Bevölkerung vor allem in Form einer neuen politischen Macht – der Macht der Sowjets. Von daher kam das Wort »sowjetisch« in den Gebrauch. Sowjetisierung nannte man die Verbreitung der neuen politischen Macht im Lande. Mit der Zeit erfuhren diese Worte einen Bedeutungswandel. Wer vom sowjetischen Gesellschaftssystem spricht, meint normalerweise das sozialistische (kommunistische) Gesellschaftssystem. In der Anwendung auf einzelne Menschen bedeutet das Wort »sowjetisch« nicht nur eine staatliche Zugehörigkeit, sondern auch die Tatsache, daß die jeweiligen Personen auf eine bestimmte Art erzogen sind und das in der Sowjetunion herrschende Gesellschaftssystem akzeptieren. Unter Sowjetisierung fallen verschiedene Erscheinungen wie zum Beispiel die Bildung eines sozialistischen Systems nach sowjetischem Muster, die Tendenz eines Landes zum Sozialismus überhaupt, die Einbeziehung eines Landes in den Ostblock, die gewaltsame Nötigung eines Landes zur Annahme des sozialistischen Systems usw. Dabei verwenden verschiedene Menschen diese Worte nicht nur zur Bezeichnung verschiedener Erscheinungen, die mit Sozialismus und der Sowjetunion zu tun haben, sondern auch als Ausdruck für ihre Einstellung gegenüber diesen Phänomenen, was den Unbestimmtheitscharakter des jeweiligen Wortes noch verstärkt.

Mit dem Wort »Sowjetismus«, sofern es nicht als Synonym für die Termini »Sozialismus« oder »Kommunismus« verwendet wird, bezeichnet man ein sozialistisches (kommunistisches) Sozialsystem und eine Lebensweise in eben jener Form, wie sich beides in der Sowjetunion etabliert hat. Das ist die intuitive Voraussetzung für den Wortgebrauch, von der ausgegangen wird, und die mehr oder minder für alle gleich ist. Die Divergenzen im Wortgebrauch beginnen dort, wo dieses empirisch gegebene Faktum (das Gesellschaftssystem und die Lebensweise in der Sowjetunion) von verschiedenen Aspekten her betrachtet, erklärt und eingeschätzt wird. Aus der Sicht der Regeln der Logik und der Methodik der Wissenschaft muß man hier folgende Aspekte beachten: Sowjetismus ist ein kompliziertes und vielfältiges Phänomen. Einige seiner charakteristischen Züge ähneln denen anderer Länder und anderer Gesellschaftssysteme. Andere seiner Züge wiederum verbinden dieses Phänomen mit dem vorrevolutionären Rußland. Wieder andere Eigenschaften zeichnen sich als besondere Charakteristika der russischen Geschichte aus. Weitere traten erst nach der Revolution in Erscheinung usw. Welche Eigenschaften soll man nun zur Definition dieses Phänomens herausgreifen? In solchen Fällen erweist es sich als logisch richtig, nicht nur einzelne Parameter des Gegenstandes herauszugreifen, sondern ganz anders an den Versuch seiner Bestimmung heranzugehen. Man muß die Gesamtheit der Eigenheiten des Sowjetismus als Ganzes nehmen und deren Wechselbeziehung innerhalb dieses Ganzen untersuchen, losgelöst von der Möglichkeit, ob sich solche Eigenschaften noch anderswo antreffen lassen oder nicht, oder ob sie von der Vergangenheit herrühren oder nicht. Sowjetismus ist ein Sonderphänomen innerhalb der Geschichte der Menschheit eben als ein organisches Ganzes, bestehend aus den verschiedensten Eigenschaften. Den Begriff

Sowjetismus zu bestimmen, bedeutet vor allem die Ganzheit dieser Eigenschaften und ihre Wechselbeziehungen in diesem Ganzen zu begreifen. Eine kurze Definition kann zu Beginn einer Untersuchung als Wegweiser, am Ende als Zusammenfassung dienen. Erst nach abgeschlossener Untersuchung kann man die Fragen beantworten, welche Eigenschaften des Sowjetismus allgemeiner und welche spezieller Art sind, welche notwendigerweise bestehen und welche nicht, welche beständig und welche historisch vorübergehend sind, welche anderen Möglichkeiten (oder »Modelle«) des Sozialismus möglich sind, schließlich auch, ob der Sozialismus ohne die offenkundigen Unzulänglichkeiten des »sowjetischen Modells« möglich ist usw.

Sowjetisierung ist – wie ich zuvor schon ausführte – die Verbreitung des Sowjetismus über die ganze Welt.

Nicht jede Art der Verbreitung von Sozialismus ist Sowjetisierung. Abgesehen von der Sowjetisierung existiert ja auch noch Chinaisierung. Intuitiv kann man also annehmen, daß Sowjetisierung nicht nur die Ausbreitung des Sozialismus (Kommunismus) über die ganze Welt ist, sondern eine solche, bei der eben die Sowjetunion die Rolle der Quelle spielt, die des Modells und des Initiators eines solchen Vorganges. Dabei läßt die Sowjetunion bisweilen verschiedene »Modelle« des Sozialismus zu, indem sie die lokalen Bedingungen und die allgemeine Situation in der Welt berücksichtigt. Doch das ist nur ein taktisches Mittel, jedoch keine generelle Strategie. Warum soll man es nicht zulassen, wenn es das Wesen des Sozialismus maskiert und die Illusion der Freiheit gibt, dabei aber die Position des Westens schwächt?! Doch bei allen Unterschieden bleibt das Bestreben zutiefst unverändert, jene Gebiete unseres Planeten, in die irgendwie einzudringen gelingt, nach dem eigenen Muster und Ebenbild umzugestalten. Das ist der eine Aspekt der Sowjetisierung. Ihr anderer ist das Bestreben, die zu sowjetisierenden Länder und Völker in den Bereich der sowjetischen Strategie der Epoche und der aktuellen internationalen Politik einzuschließen. In dieser Hinsicht hat die Sowjetunion zwei mächtige Konkurrenten. Das sind die westlichen Länder und China.

Was ist am Sowjetismus neu im Vergleich zum vorrevolutionären Rußland und was ist lediglich Erbe der Vergangenheit? Logisch betrachtet, kann man in beiden Zuständen des Landes in den verschiedenen Perioden der Geschichte Ähnlichkeiten, aber auch Unterschiede finden. Wenn sich in einem Land eine ernsthafte historische Wende ereignet, so entsteht dabei immer etwas Neues und bleibt auch immer etwas vom Alten erhalten. Doch in solchen Fällen wie dem der Sowjetunion muß man die folgende Gesetzmäßigkeit der historischen Entwicklung berücksichtigen: Als Ergebnis der tiefgreifenden Sozialrevolution ging eine radikale Umgestaltung des gesamten gesellschaftlichen Organismus vonstatten. Es entstand ein neues soziales System, das es vorher nicht gab. Es begann nun alle Aspekte des Lebens der Gesellschaft zu bestimmen. Viele Erscheinungen, die es im vorrevolutionären Rußland gegeben hatte, traten auch nach der Revolution wieder auf – doch nun bereits auf einer neuen sozialen Grundlage. Sowjetismus ist in der Geschichte der Menschheit ein qualitativ neues Phänomen. Und wenn der Sowjetismus jemanden an gewisse Erscheinungen im ehemaligen Rußland und in anderen Ländern erinnern sollte, so erklärt dies noch keineswegs seine Natur.

Die oben erwähnte Gesetzmäßigkeit der historischen Entwicklung gilt voll und ganz auch für die Sowjetisierung. Derzeit entspringt die Tendenz der Sowjetunion, die Welt nach eigenem Vorbild und Ebenbild umzugestalten und sie zu sowjetisieren, den inneren Gesetzmäßigkeiten der sowjetischen Gesellschaft als einer kommunistischen Gesellschaft und ihren Wechselbeziehungen mit anderen Ländern – keineswegs jedoch einer Verbeugung vor der imperialistischen Politik des vorrevolutionären Rußland. Und schon gar nicht dem Wunsche, jenen westlichen Sowjetologen einen Gefallen zu tun, die für alle Phänomene der gegenwärtigen Sowjetgesellschaft Erklärungen in irgendeiner Natur des russischen Menschen und im vorrevolutionären Rußland suchen. Tatsächlich wird die Sowjetisierung allmählich zu einer historischen Tradition. Doch dies ist die Folge aktuell wirkender Bedingungen und Ursachen unserer Zeit, nicht aber die Ursache an sich. Es ist unsinnig, das Verhalten eines öffentlichen Organismus damit zu erklären, daß tatsächliche Fälle eines solchen Verhaltens auch schon in der Vergangenheit stattgefunden haben.

Die Sowjetunion realisiert die Sowjetisierung in irgendwelchen Gebieten der Welt nicht aufgrund einer Gewohnheit oder um andere nachzuahmen, sondern aufgrund ihres Strebens nach Selbsterhaltung und Stärkung ihrer Positionen auf der ganzen Welt in ihrer Eigenschaft als kommunistische Gesellschaft. Die Sowjetisierung gleich welcher Gebiete unseres Planeten ist ein für die sowjetische Gesellschaft erreichbares und der Natur dieser Gesellschaft entsprechendes Mittel, diese Gebiete in ihrer Einflußsphäre zu halten. Im übrigen kommt dieses sowjetische Mittel der objektiven Tendenz der Menschheit zum Kommunismus entgegen – und das ist der springende Punkt.

Sowjetisierung ist die sowjetische Waffe für Verteidigung und Angriff, wie sie die sowjetische Gesellschaft entsprechend ihren Fähigkeiten und im Hinblick auf die Anwendbarkeit dieser Waffe entwickelt hat. Diese Waffe kostet die Sowjetunion weitaus weniger als die rein wirtschaftliche Besitznahme eines Gebietes unseres Planeten. Die Waffe ist auch erheblich wirksamer als andere Mittel wirtschaftlicher, kultureller oder religiöser Art. Ist nun die Sowjetisierung ein zwingendes Muster für andere Länder, die den Weg des Sozialismus gehen, oder nicht? Diese Frage kann man auch anders formulieren: Auf welche Eigenschaften des Sowjetismus kann der Sozialismus (Kommunismus) verzichten, um zu bestehen und auf welche nicht? Es gibt im Westen und in den Ländern des Ostblocks immer noch Menschen, die auf einen »demokratischen Sozialismus« hoffen, der die Werte des Sozialismus und die einer westlichen Demokratie in sich vereinen würde. Ein seiner Idee nach so guter Sozialismus müßte ohne Sowjetismus auskommen. Von einem solchen Sozialismus träumen auch die Polen. Mancher sieht solch einen »dritten Weg« im ungarischen »Modell«. Eine ernsthafte Analyse der kommunistischen Gesellschaft legt offen, daß gewisse Züge wirklich nicht für die übrigen Länder verbindlich sind. Heute ist beispielsweise völlig klar, daß Sozialismus ohne eine politische Form, wie es die Sowjets* sind, auskommen kann. In dieser Hinsicht ist also ein »nichtsowjetischer« Weg möglich. Doch das hat keinen Einfluß auf das Wesen der Macht in einer sozialistischen (kommunistischen) Gesellschaft. Und ebenso wurde klar, daß eine sozialistische Gesellschaft mit demokratischen Freiheiten in westlichem Geist unvereinbar ist, daß »freie« Gewerkschaften in dieser Gesellschaft (im Geist der polnischen »Solidarität«) als dauerhaft wirksames Element der Gesellschaftsorganisation ausgeschlossen sind, daß eine Selbstverwaltung in Betrieben äußerst eingeschränkt und im Grunde lediglich fiktiv bleiben muß. Mit einem Wort, eine wissenschaftliche Analyse der sowjetischen Gesellschaft zeigt, daß die wichtigsten Züge des Sowjetismus unvermeidliche Züge jeder sozialistischen (kommunistischen) Gesellschaft sind. Das Wesen des Sowjetismus besteht nicht darin, daß er die Sowjetunion von anderen sozialistischen Ländern unterscheidet, sondern darin, daß er ihnen allen gemeinsam und Sozialismus ohne ihn überhaupt undenkbar ist. Im übrigen bestehen auch zwischen den einzelnen Republiken innerhalb der Sowjetunion Unterschiede. Doch niemand spricht vom aserbeidschanischen oder georgischen »Modell« des Sozialismus, obwohl sich der Sozialismus in diesen Republiken vom Sozialismus in Rußland stärker unterscheidet als das ungarische »Modell« vom russischen.

Das Verhältnis zum Sowjetismus ist das grundsätzliche Verhältnis zum Sozialismus (Kommunismus) überhaupt und nicht

* Sowjets – Räte (Anm. d. Übers.)

etwa das Verhältnis zu irgendeiner Variation desselben oder zur nationalen Besonderheit der Russen. Eine entwickelte sozialistische (kommunistische) Gesellschaft unterscheidet sich oder wird sich vom Sowjetismus in jedem anderen Land nur in gewissen unwesentlichen Dingen unterscheiden. Auch China hat keinerlei wesentliche Eigenschaften der realen kommunistischen Gesellschaft erfunden und wird auch nie welche erfinden, die nicht schon in der Sowjetunion erfunden worden wären. Die Priorität und Initiative des historischen Schöpfungsprozesses auf diesem Gebiet steht der Sowjetunion für ewige Zeiten zu. Was auch immer in der Geschichte geschah – China ist lediglich die Rolle des Nachfolgers und Epigonen in der Errichtung einer neuen Gesellschaftsordnung bestimmt. China ist der Konkurrent der Sowjetunion und wird es aller Wahrscheinlichkeit nach auch bleiben. Doch ein Konkurrent ist nicht immer ein Erstentdecker und Neuerer.

Sowjetisierung heißt nicht nur, das sozialistische System irgendeinem Volk aufzuoktroyieren oder Propaganda für ein solches System zu machen. Sie kann nicht erfolgreich sein, wenn die Erziehung der Masse nicht in jenem Geist betrieben wird, in dem sie in der Sowjetunion betrieben wurde und noch betrieben wird. Das Leben eines gegebenen Volkes so umzuformen, daß es sich anschließend selbst reproduziert und das kommunistische System und dessen Lebensweise aufrechterhält, das ist einer der beiden maßgeblichen Aspekte der Sowjetisierung. Zu diesem Zweck muß die Masse der Bevölkerung in Menschen sowjetischer Prägung umgewandelt werden – in eine Vielzahl vom Typ des Homo sovieticus. Ohne die Erfüllung dieser Bedingung kann die Sowjetisierung nicht von Dauer sein.

Ein sowjetisierter Mensch (Homo sovieticus) ist keineswegs die Verkörperung allen Übels, wie auch der westliche Mensch nicht die Verkörperung aller Tugenden ist. Es gibt verschiedene Typen des Homo sovieticus: schlechte und gute, gescheite und dumme, gute und böse, ergebene und aufständische, ehrliche und unehrliche – kurz, alle möglichen. Sind etwa alle westlichen Bürger gut, alle klug, alle mutig, alle ehrlich? Der Begriff Homo sovieticus ist kein psychologischer, auch kein ethischer, etnographischer oder geographischer, sondern ein soziologischer. Ebenso soziologisch ist auch der Begriff des westlichen Menschen. Und es ist sinnlos, sich den Kopf darüber zu zerbrechen, wer von beiden – der sowjetisierte oder der westliche Mensch – besser und wer schlechter ist. Darum geht es hier überhaupt nicht. Es geht um ein viel ernsteres und tiefergehendes Problem.

Der Homo sovieticus ist ein Mensch, der gelernt hat, unter den Bedingungen der kommunistischen Gesellschaft zu leben, und der sich an diese Bedingungen angepaßt hat. Das lernt er von seiner Geburt an, immer und überall, sein ganzes Leben lang. Er lebt ständig im Milieu der kommunistischen Gesellschaft. Und wenn das von Generation zu Generation so bleibt, faßt er dieses Milieu als das natürliche Milieu seiner Existenz auf und trägt zur Reproduktion und Erhaltung dieses Milieus bei. Er muß den Bedingungen seiner Gesellschaft entsprechen. Sonst kann er sich nicht mehr oder minder normal in dieser etablieren oder gar Erfolge in seinem Leben erzielen.

Selbstverständlich haben auch die kommunistische Gesellschaft und die westliche demokratische Gesellschaft einiges gemeinsam. Und deshalb können vereinzelte Vertreter des Homo sovieticus unter den Bedingungen der westlichen Gesellschaft leben, können lernen, darin zu leben. Ebenso können sich auch einzelne westliche Bürger im Notfall an die Bedingungen der kommunistischen Gesellschaft anpassen. Doch daraus folgt keineswegs, daß die Existenz als Homo sovieticus oder als westlicher Staatsbürger eine individuelle Angelegenheit ist. Der Homo sovieticus repräsentiert als soziales Phänomen eine Masse von Menschen, welche die Gesellschaft eines bestimmten Typs (die kommunistische) bilden und diese Gesellschaft durch ihre gesamte Lebensweise immer wieder erneuern und erhalten. Der Homo sovieticus ist undenkbar ohne die Gesellschaft, die ihn hervorbringt und die im selben Maße von ihm hervorgebracht wird. Dies gilt auch für den westlichen Menschen. Die sowjetische Gesellschaft vermag sich dank der Tatsache selbst zu erhalten, daß sie innerhalb eines kurzen Zeitraums Millionen Vertreter des Homo sovieticus heranzuziehen und die massenhafte Erziehung von Menschen eines solchen Typs anzubahnen vermochte. Der Mensch westlicher Prägung stellt auch nicht die Personifizierung und die vollkommene Entwicklung gewisser edler angeborener Eigenschaften des Menschen dar. Er ist ebenfalls ein Produkt der Geschichte. Im übrigen wurde in der Geschichte der Formung des westlichen Menschen nicht weniger Blut vergossen als in der sowjetischen Geschichte.

Das Problem besteht nicht darin, welcher Menschentyp besser ist – der Homo sovieticus oder der westliche Mensch. Jeder Typ besitzt seine Qualitäten und Unzulänglichkeiten. Jeder ist an seinem Platz gut. Wenn man plötzlich Sowjetbürger gegen Bürger der westlichen Gesellschaftskategorie austauschte, so zerfiele die sowjetische Gesellschaft innerhalb kürzester Zeit. Ähnlich bräche auch die westliche Gesellschaft zusammen, wenn plötzlich diejenigen Menschen, die sie hervorgebracht und erhalten haben, plötzlich lauter Homines sovietici wären. Es geht einfach darum, welcher Gesellschaftstyp und der ihm adäquate Menschentyp über größere Chancen verfügt, als Sieger in jener historischen Schlacht der Länder, Völker und sozialen Systeme hervorzugehen, die bereits im Gange ist, und an der wir alle in der einen oder anderen Form teilnehmen. Der Sieger in diesem Kampf wird nicht unbedingt besser als der Besiegte sein. Er wird aufgrund der historisch eingetretenen Umstände Sieger sein. Die Frage besteht darin, wen diese historischen Umstände begünstigen und wen nicht, wer im Flußbett der Strömung der Geschichte richtig liegt und wer gegen die Strömung schwimmt. Der Vorteil des Homo sovieticus besteht darin, daß er nach den Gesetzen der Strömung der Geschichte entsteht und existiert. Er bewegt sich dorthin, wohin man sich bewegen kann und wo man sich am leichtesten bewegen kann. Der westliche Mensch jedoch muß, wenn er sich auf dem Niveau der zivilisatorischen Errungenschaften halten will, die Gesetze der sozialen Strömung überwinden. Welche von diesen beiden historischen Tendenzen die Oberhand gewinnen wird – das zu klären, ist die Aufgabe eines langwierigen historischen Kampfes, nicht aber theoretischer Diskussionen und moralisierender Belehrungen.

So mancher im Westen hofft auf die Möglichkeit, den Homo sovieticus in westlichem Geiste umerziehen zu können. Diese Hoffnung ist sinnlos. Wenn ein Mensch bereits trainiert ist, unter den Bedingungen der kommunistischen Gesellschaft zu leben, und an diese gewöhnt ist, so wird er mit diesen Fertigkeiten und Gewohnheiten auch sein Leben beschließen, selbst wenn er plötzlich im Westen leben und aktiv am Kampf gegen den Kommunismus und Sowjetismus teilnehmen sollte. Unter den Vertretern des Homo sovieticus gibt es viele, die der sowjetischen Gesellschaft gegenüber ktitisch eingestellt sind und sie sogar bekämpfen. Der Grund dafür, daß sich sowjetische Dissidenten verhältnismäßig lange gegen das sowjetische Regime auflehnen und dabei die Aufmerksamkeit des Westens auf sich ziehen oder sogar in den Westen gelangen konnten, bestand nicht etwa darin, daß sie den Homo sovieticus in sich überwinden konnten, sondern eher darin, daß sie eben stark ausgeprägte Vertreter des Homo sovieticus waren. Mit Westbürgern, die nicht auf eine Existenz unter sowjetischen Bedingungen trainiert sind, könnte nichts Derartiges passieren. Aber gibt es etwa im Westen wenig Menschen, die mit ihrer Gesellschaft unzufrieden sind, sie kritisieren und sich sogar gegen sie auflehnen? Hören sie damit etwa auf, westliche Menschen zu sein? Natürlich nicht. Die westlichen Menschen sind mit irgend etwas unzufrieden und lehnen sich gegen irgendwelche Erscheinungen in ihrer Gesellschaft auf als westliche Menschen und nicht als solche vom Typ des Homo sovieticus.

Ich sagte vorhin, daß die Sowjetisierung der Bevölkerung einer der beiden Aspekte der Sowjetisierung ist. Der andere Aspekt besteht darin, daß das Volk, das sowjetisiert werden soll, gezwungen wird, das historische Schicksal des sowjetischen Volkes zu teilen, es zu seinem Mitstreiter (nicht nur Verbündeten – das wäre zu schwach ausgedrückt, sondern eben Mitstreiter) im Kampf um die Selbsterhaltung und die Eroberung des Planeten zu machen. Diese beiden Aspekte fallen nicht zur Gänze zusammen, wie man am Beispiel Albaniens, Jugoslawiens und Polens sieht. Im zweiten dieser Aspekte ist das schwache Glied in der Kette der Sowjetisierung enthalten. Verschiedene Völker haben jeweils ihr eigenes historisches Schicksal, das nicht oder nur teilweise mit dem Schicksal der Sowjetunion zusammenfällt. Die Bevölkerung in den Ländern, die sowjetisiert werden sollen, sieht die Ursachen aller negativen Phänomene ihres Lebens nicht im kommunistischen System und ihren eigenen allgemeinen Existenzbedingungen, sondern in der Sowjetunion und ihrer Einmischung in das Leben des Landes. Die Sowjetunion wird zur Verkörperung allen Übels. Der Protest gegen die schweren Lebensbedingungen nimmt dabei praktisch die Form von Bestrebungen an, sich von der Vergewaltigung seitens der Sowjetunion zu befreien (Ungarn, Tschechoslowakei, Polen). Das stimuliert die Menschen zum Kampf und verleiht ihnen die ideologischen Mittel zur Vereinigung sozial verschiedenartiger Bevölkerungsschichten.

Einen gigantischen Widerstand gegen die Sowjetisierung leisten die Länder des Westens. Sie führen den Kampf gegen die Sowjetisierung mit allen ihnen zur Verfügung stehenden Mitteln immer und überall, wo die Sowjetunion versucht, die Initiative zu ergreifen und Einfluß auszuüben. Dieser Kampf wird sogar innerhalb des Ostblocks ausgetragen. Die antisowjetischen Aufstände in Ungarn, in der Tschechoslowakei oder in Polen wären ohne Unterstützung des Westens unmöglich gewesen. Und sie haben sicherlich ein wenig den Prozeß der Sowjetisierung dieser Länder gebremst. In Afghanistan tobt ein grausamer

Kampf gegen die sowjetische Intervention. Auch in Zentralamerika tobt ein Kampf gegen die Sowjetisierung. Wie der Kampf insgesamt ausgehen wird, läßt sich derzeit unmöglich mit wissenschaftlicher Genauigkeit voraussagen. Dazu kommt, daß die Sowjetunion in China einen mächtigen Konkurrenten hat, der die Sphäre der Sowjetisierung abgrenzt. Allerdings wird in dieser Sphäre Chinaisierung betrieben, was kaum besser ist als Sowjetisierung.

Es gibt Grenzen der Sowjetisierung – und die liegen beim Menschen selbst. Jeder Gesellschaftstyp ist bestrebt, die Masse seiner Bevölkerung so zu erziehen, daß die Menschen den objektiven Bedingungen der Gesellschaft adäquat sind, daß sie in ihrem täglichen Leben willkürlich oder unwillkürlich diese Bedingungen aufrechterhalten. Doch eine völlige Adäquanz des Menschen bezüglich seines sozialen Milieus ist prinzipiell unmöglich. Möglich ist lediglich eine teilweise Adäquatheit. Eine Masse wird aufgrund der Normierung nur eines Teiles der Eigenschaften und der potentiellen Möglichkeiten der Menschen zu einem Ganzen organisiert. Das Ergebnis ist ein unausweichlicher Konflikt zwischen dem Individuum und seiner Gesellschaft. Ein solcher Konflikt ist in einer kommunistischen Gesellschaft unvermeidlich. Ich habe dieses Problem in meinen Büchern hinlänglich genau untersucht. Doch aus irgendeinem Grund wurde gerade dieser besonders wichtige Aspekt meiner Analyse des Kommunismus wenig beachtet oder überhaupt nicht zur Kenntnis genommen. Als Beispiel kann ich einen der krassesten inneren Widersprüche der kommunistischen Gesellschaft anführen, den Widerspruch zwischen der Tendenz des Kommunismus, einem wesentlichen Teil der Bevölkerung zu einem möglichst hohen geistigen Standard zu verhelfen, und der Tendenz, die sozialen Bedingungen ihres Lebens extrem zu vereinheitlichen. Solche Menschen entwickeln besonders intensive, geistige Bedürfnisse in allen Bereichen der menschlichen Existenz, doch ihre reale Existenz wird zu einer sozialen Wüste. Hier liegt der Keim für zukünftiges Aufbegehren einzelner Menschen und ganzer Massen gegen die kommunistische Lebensweise.

Ich möchte abschließend noch die Tatsache vermerken, daß die Sowjetisierungskräfte von der Sowjetunion selbst von innen heraus durch deren wirtschaftliche und kulturelle Möglichkeiten sowie den niedrigen Effektivitätsgrad des kommunistischen Systems als solchem stark begrenzt werden. Die Sowjetunion betreibt die Sowjetisierung mit beträchtlichem Aufwand und Krafteinsatz, nutzt jedoch die günstigen historischen Möglichkeiten und die eigenen Reserven ziemlich schlecht aus. Die Ergebnisse ihrer Tätigkeit sind, absolut gemessen, beträchtlich, doch im Vergleich zu den realen Möglichkeiten und dem Kraftaufwand sind sie geradezu nichtig. Und jeder weitere Schritt der Sowjetisierung kommt die sowjetische Bevölkerung immer teurer zu stehen.

Die inneren Schwierigkeiten, mit denen die sowjetische Gesellschaft konfrontiert ist, geraten allmählich zum Haupthindernis für die Durchsetzung der Sowjetisierung. Hier treten die allgemeinen Gesetze von der Ausbreitung dieser oder jener Lebensform in Kraft.

Aber jene Faktoren, von denen ich sprach, sind historische Faktoren. Sie benötigen viel Zeit, um sich bemerkbar zu machen. Es wäre töricht, sich darauf zu verlassen, daß sie von sich aus schon jetzt den Prozeß der Sowjetisierung aufhalten würden. Dieser Prozeß vermag vielleicht noch eine gewisse Grenze zu überwinden, jenseits derer die oben erwähnten Faktoren nicht mehr imstande sein werden, ihn zum Stillstand zu bringen. Der Faktor der Zeit ist hinsichtlich sozialer Berechnungen in höchstem Maße wichtig. Eine Gesellschaft, die aufgrund innerer Ursachen dem Untergang geweiht ist, kann noch imstande sein, einer Gesellschaft den Todesstoß zu versetzen, die über glänzende innere Potenzen für eine Entwicklung in der Zukunft verfügt. Dann wird die Geschichte ihr schonungsloses Urteil fällen. Die Menschen, wird die Geschichte sagen, waren imstande, dem Prozeß einer globalen Sowjetisierung Einhalt zu gebieten, sie vermochten jedoch nicht, von dieser Möglichkeit Gebrauch zu machen.

Pseudologik

Eine der genialsten Maßnahmen Stalins während des Krieges war die Einführung des Unterrichtsfachs Formallogik in den Schulen. Dank dieser Maßnahme erhielt ich die Möglichkeit, nach meiner Entlassung aus der Armee zusätzlich etwas für meinen Lebensunterhalt zu verdienen. Nachdem ich -zig Berufe gewechselt hatte, gelang es mir, gleich in fünf Moskauer Schulen als Lehrer für Logik unterzukommen; an Lehrern für Logik herrschte damals größerer Mangel als an Konsumgütern. Später konnte ich nach Abschluß der Universität dank eben dieser Stalinschen Neueinführung einen interessanten Beruf ergreifen: Als nicht der Partei zugehörigen und in politischer Hinsicht unverläßlichen Menschen drängte man mich allmählich von der Parteitheorie der sowjetischen Gesellschaft, mit der ich mich beschäftigen wollte, weg zur (nach Stalins persönlicher Meinung) politisch indifferenten Formallogik hin.

Als ich zur ersten Unterrichtsstunde kam, kannte ich aus der Logik nur den Schluß, der über viele Jahrhunderte Gegenstand von Spott und Gelächter war: »Alle Menschen sind sterblich. Sokrates ist ein Mensch. Folglich ist Sokrates sterblich.« Ich ersetzte lediglich den Namen »Sokrates« durch den Namen »Iwan«. Daß Iwan sterblich war, wußte ich auch ohne Logik – im Lauf des Krieges hatte ich Tausende Tode russischer Iwans gesehen und selbst viele Male Gelegenheit gehabt, mich am eigenen Leib von der Richtigkeit der großen Prämisse des berühmten aristotelischen Schlusses zu überzeugen. Im Klassenzimmer wurde ich von einer brüllenden, schreienden, ungestümen Horde von Schülern empfangen, die nur wenig jünger als ich waren; viele von ihnen wirkten äußerlich sogar älter. An der Tafel stand in riesigen Lettern ein zotiges russisches Wort mit drei Buchstaben. Einer der Lausbuben machte mir den Vorschlag, meine logische Kompetenz unter Beweis zu stellen, indem ich mittels logischer Überlegungen feststellen sollte, wer dieses Wort an die Tafel geschrieben hatte. Auf seinem frechen Gesicht war zu lesen, daß dies das Werk seiner Hände sein mußte (die im übrigen noch voll Kreide waren). Ich wählte dennoch die Taktik des Umwegs – hatte mich doch mein Lebensweg nicht umsonst durch die Schule der Armee und des Krieges geführt! Ich beschloß also, meine Karriere als Lehrer für Logik mit einem Witz zu beginnen.

»In einer Moskauer Schule«, begann ich meinen Weg in die Wissenschaft, »trug sich unlängst folgendes zu: Der Logiklehrer gab seinen Schülern zwei Prämissen (das sind die gegebenen Voraussetzungen in einem Syllogismus – einer Schlußfolgerung): ›Für den Bau des Gebäudes wurden zehntausend Ziegel verbraucht‹ und ›Alle Fische atmen durch die Kiemen‹. Er ließ über logische Überlegungen feststellen, wie alt er, der Lehrer, sei. Zum Erstaunen des Lehrers meinte ein Schüler, das sei nicht schwer festzustellen: vierzig Jahre alt. ›Richtig‹, sagte der Lehrer. ›Aber wie bist du zu diesem Schluß gekommen?‹ – ›In unserem Hause‹, erläuterte der Schüler, ›wohnt ein Halbidiot. Und der ist zwanzig.‹« Versetzen wir uns nun in den Gedankengang dieses Schülers. Nach Anhören der gestellten Aufgabe des Lehrers kam der mit gesundem Menschenverstand ausgestattete Schüler zu dem Schluß, daß der Lehrer ein Vollidiot sei. In seinem Hause wohnte ein zwanzigjähriger Halbidiot. Die Schlußfolgerung bezüglich des Alters des Lehrers drängte sich auf: vierzig Jahre. Ist das logisch? Voll und ganz. Diese scheinbare oder assoziative Folgerichtigkeit ist jedoch Pseudologik. Ihre

Macht über das Denken der Menschen ist nicht geringer als die der echten Logik, vielleicht sogar noch stärker. Auf jeden Fall begegnet man ihr weit öfter als der echten Logik. In den verschiedensten Aufsätzen und Reden von Ideologen, Propheten, Schulmeistern der Menschheit, politischen Funktionären und Staatsmännern, kulturell tätigen Persönlichkeiten, Propagandaleuten und Agitatoren wimmelt es buchstäblich von Beispielen logischer Schlußfolgerungen dieser Sorte. Die markantesten Meister dieser Art Logik waren die Klassiker des Marxismus. Beispiele für ihre Überlegungen führte ich bereits an.

Im Kapitalismus, so behaupteten die Klassiker des Marxismus, wird die Produktion Allgemeingut, das Eigentum bleibt jedoch in privater Hand. Das ist ein Widerspruch. Die Eigentumsverhältnisse müssen mit der Produktion in Einklang gebracht werden – das Eigentum muß Allgemeingut werden. Was für ein Unsinn und Schwindel! Äußerlich jedoch sieht das alles durchaus nach »eiserner Logik« aus. Der Staat, behaupteten die Klassiker, ist das Produkt der Teilung der Gesellschaft in einander feindlich gegenüberstehende Klassen (die der Ausbeuter und die der Ausgebeuteten). Mit der Vernichtung der Klassen ist der Staat zum Absterben verurteilt. Wieder eine scheinbar logische Schlußfolgerung, in Wirklichkeit jedoch ein reiner Sprachtrick. Die sowjetischen Ideologen gingen weiter: Der Staat wird absterben, erklären sie, doch auf dem Umweg über die Stärkung. Aber das ist keine einfache Logik mehr, sondern allerhöchste.

Die Beurteilungskriterien

Bei der Beurteilung von Eigenschaften und Fähigkeiten eines so komplizierten Phänomens, wie es das soziale System oder ein ganzes Land ist, ist es notwendig, bestimmten logischen Prinzipien streng zu folgen. Ich nenne zwei solcher Prinzipien, die außerordentlich wichtig in der Anwendung auf die sowjetische Gesellschaft sind: 1) das Prinzip der Adäquatheit der Beurteilungskriterien gegenüber dem zu beurteilenden Phänomen; 2) das Prinzip der Systematik. Das erste Prinzip ist in seiner allgemeinen Form überaus einfach: Man kann nicht Kilometer in Kilogramm messen, man kann nicht die Lebensfähigkeit eines Kamels, das in der Wüste lebt, vom Standpunkt eines Nilpferdes betrachten, das am Wasser lebt. In der praktischen Anwendung ist die Auswahl adäquater Kriterien Sache einer speziellen wissenschaftlichen Untersuchung. In Wirklichkeit sind jedoch in Aufsätzen und Reden derer im Westen, die mit erstaunlicher Leichtigkeit über Phänomene des sowjetischen Lebens urteilen, Oberflächlichkeit, Zufälligkeit in der Auswahl der Kriterien und Dilettantismus zu spüren. Das zweite Prinzip bedeutet, daß man den jeweiligen Parameter eines gegebenen komplizierten sozialen Systems nicht für sich selbst, isoliert von den übrigen, herausgreifen darf, sondern nur als ein Element innerhalb des Systems von Parametern. Dieses Prinzip wird ebensooft ignoriert wie das erste.

Gigant auf tönernen Füßen

Die Regierung Hitlerdeutschlands kannte die Situation in der Sowjetunion vor dem Angriff auf diese vielleicht sogar besser als die sowjetische Führung selbst. Der Hitlerstaat wußte über die stalinistischen Repressionen bestens Bescheid, auch über jene in der Armee. Man wußte Bescheid über die Unzufriedenheit der Bevölkerung mit den schrecklichen Lebensbedingungen. Man wußte Bescheid, wie schlecht und unproduktiv die sowjetische Wirtschaft organisiert war. Kurz – man wußte alles. Und vermochte so den Gegner den eigenen Urteilskriterien entsprechend einzuschätzen. Schließlich kam man auch zu dem Schluß, daß die Sowjetunion ein »Gigant auf tönernen Füßen« sei, den man innerhalb von ein paar Wochen oder höchstens Monaten zertrümmern könne. Wie der Angriff Deutschlands auf die Sowjetunion ausging, ist allgemein bekannt. Mir scheint, daß bei diesem Kriegsausgang der besonders grobe Fehler in der Einschätzung des militärischen und die Lebensumstände des Landes betreffenden Potentials eine wesentliche Rolle gespielt hat. Einer der Gründe für diesen Fehler liegt in der Unkenntnis der logischen Regeln für den Vergleich von komplizierten sozialen Systemen sowie in der Anwendung von Urteilskriterien für die Beurteilung der Fähigkeiten des sozialistischen Systems, die diesem nicht adäquat sind. Soweit ich es beobachten kann, begeht der Westen gegenwärtig mit erstaunlicher Hartnäckigkeit denselben Fehler in seiner Einschätzung der Eigenheiten und Fähigkeiten des sowjetischen Systems. Dabei ist es vollkommen ausgeschlossen, westliche Fachleute in ihren Ansichten umzustimmen oder zu versuchen, ihren Denkstil zu ändern, wenn es um die Sowjetunion geht.

So stand beispielsweise in einer westlichen Zeitung der Aufsatz eines Militärfachmannes. Darin wurde behauptet, daß die sowjetische Armee der amerikanischen in vielem nachstehe, daß es dort »sehr wenig gibt, was gut funktioniert« oder »nicht so gut funktioniert wie in der amerikanischen Armee«, daß die amerikanische Armee besser ausgebildet sei, besser ausgerüstet und bewaffnet, daß die amerikanische Armee in moralischer Hinsicht die sowjetische bei weitem übertreffe, daß der Magen der sowjetischen Soldaten leer sei und die Uniformierung schlecht, daß die sowjetischen Offiziere ihren Soldaten nicht trauten, oder daß die sowjetischen Soldaten sich immer nur betrinken und vor dem Dienst drücken wollten.

Ich weiß nicht, aufgrund welcher Fakten dieser Experte zu solchen Schlüssen gelangen konnte. Wenn ich jedoch ein sowjetischer Führer wäre, würde ich diesen westlichen Fachmann mit dem höchsten sowjetischen Orden für Irreführung des Westens hinsichtlich der Einschätzung der sowjetischen militärischen Schlagkraft auszeichnen. Ich war selbst Offizier in der sowjetischen Armee. Meine Brüder, mein Sohn, zahlreiche meiner Verwandten waren Offiziere, Unteroffiziere oder Soldaten der sowjetischen Armee. Unser Magen war leer. Auch soffen wir gerne. Auch drückten wir uns gerne vor dem Dienst. Doch all das gehört zum gewöhnlichen, normalen Leben sowjetischer Menschen unter den Lebensbedingungen des Militärdienstes, was deshalb noch lange nicht die Ordnung und Disziplin des Heeres untergräbt. Das hinderte die »schwache« Sowjetarmee nicht daran, den mächtigen Gegner im Zweiten Weltkrieg zu schlagen. In jeder Gesellschaft von Soldaten macht man sich gerne über die herrschenden Lebensbedingungen lustig, aber das heißt noch lange nicht, daß die Sowjetarmee demoralisiert ist und ihr Land nicht verteidigen wird. Sie wird es – und je früher, desto besser. Und sie wird nicht nur verteidigen, sondern auch angreifen.

Die richtige Beurteilung des sowjetischen Soldaten und Offiziers ist nicht möglich, wenn man nicht bestimmte Regeln zur Beurteilung von Phänomenen dieser Art einhält. Welche Waffen es auch immer geben mag und in Zukunft geben wird, der Soldat und der Offizier bleiben immer die Stütze der Armee. Ein mit den neuesten Waffen ausgerüstetes Heer kann weniger kampffähig sein als ein schlechter ausgerüstetes, wenn Soldat und Offizier nicht ihrer Bestimmung entsprechend handeln – nämlich zu kämpfen, zu töten, zu fallen. Die Uniform ist dem Soldaten nicht zum Tanzen oder Verführen von Mädchen gegeben. Ein Soldat, der wie ein Dandy gekleidet ist, ist kein vollwertiger Soldat. Die Soldaten im Westen sind besser bezahlt als viele sowjetische Offiziere. Aber ein Soldat, der über viel Gut und Geld verfügt, ist weniger imstande, die schwierigen Lebensbedingungen des Krieges zu ertragen als sein ärmerer Gegner. Die physische Ausbildung des Soldaten unterscheidet sich von der eines Sportlers. Die politische Ausbildung der sowjetischen Soldaten und deren allgemeines Bildungsniveau hält einem Vergleich mit den Soldaten im Westen durchaus stand. Mit einem Wort – hinsichtlich der Bereitschaft zu einem künftigen Krieg hat das Menschenmaterial der sowjetischen Armee ein weit höheres potentielles Niveau, als westliche Fachleute annehmen. Im übrigen gibt es im Westen auch Fachleute, die zum anderen Extrem neigen. So ist es eben, wenn eine gute methodische Basis für Untersuchungen fehlt. Und ein solcher Fachmann schreibt, daß die Sowjetunion imstande sei, die Streitkräfte der NATO innerhalb von drei Tagen zu zerschlagen.

Wo liegt die Wahrheit? Jedenfalls nicht in der Mitte. Für sie ist überhaupt ein ganz anderer »Gedankengang« nötig, jedoch auch völlig andere Begriffe und Methoden, um das sowjetische System, seine Eigenschaften und seine militärische Macht zu messen.

Es ist noch nicht lange her, daß ein angesehener westlicher Politiker auf einer Konferenz eine Rede hielt, die sich mit der Situation in den Ländern der kommunistischen Welt befaßte. Es ist anzunehmen, daß bei dieser Konferenz die Koryphäen auf diesem Gebiet versammelt waren. »Die Schwäche der kommunistischen Gesellschaft ist für alle offensichtlich«, erklärte dieser politische Denker. »Das kommunistische Regime bewegt sich in Richtung westliche Demokratie mit deren Attributen – Pluralismus, freie Presse, unabhängige Gewerkschaften usw . . .« Das Denkniveau eines solchen Politikers kann man vom logischen Aspekt her mit dem Niveau eines Menschen vergleichen, der angesichts von Blättern, die gerade ein Windstoß aufwirbelt, behauptet, das Gesetz der Schwerkraft verliere seine Gültigkeit.

Der Autor des Artikels »Der sowjetische Gigant ist krank« behauptet, daß die Sowjetunion außerstande sei, sich selbst zu ernähren. Wenn dem so ist, wie kann sie dann überhaupt existieren? Es stimmt, daß sie viele Nahrungsmittel im Westen kauft. Aber sie bezahlt doch dafür! Wenn die Sowjetunion imstande ist, Lebensmittelvorrat im Westen zu kaufen, letzterer jedoch gezwungen ist, diese Reserven zu verkaufen, so bedeutet das, daß die Sowjetunion durchaus fähig ist, sich selbst zu ernähren – und dies auf eine für sie in der gegebenen Situation optimale Weise. Weizen zu importieren ist billiger, als den Stand der eigenen Landwirtschaft zu heben. Und in gewisser Hinsicht sogar sicherer.

Ein anderer Autor sieht einen Ausweg aus den wirtschaftlichen Schwierigkeiten der Sowjetunion in einer illegalen sogenannten »zweiten« Wirtschaft, wobei jedoch die Tatsache ignoriert wird, daß diese »zweite Wirtschaft« in Wirklichkeit integrierender Bestandteil der grundsätzlichen »ersten« ist und daß die Effektivität der »zweiten« Wirtschaft mit der mangelnden Effektivität der »ersten« zusammenhängt. Abgesehen davon ist der Begriff der Effektivität zweideutig (wie im folgenden Kapitel deutlich gemacht wird). Ein dritter Autor wiederum empfiehlt der Sowjetunion das sogenannte »ungarische Modell« und ignoriert dabei die Tatsache, daß Ungarn verschwindend klein im Verhältnis zur UdSSR ist, daß Ungarn eine Art Schaufensterrolle innerhalb des sowjetischen Blocks spielt, und daß sich der hohe Lebensstandard in Ungarn nicht lange wird halten können.

Soziale Effektivität

Ein typisches Beispiel für die Anwendung von Beurteilungskriterien auf die sowjetische Wirtschaft, die dieser nicht adäquat sind, liefert die im Westen übliche Einschätzung der sowjetischen Wirtschaft als uneffektiv, rückständig und sogar zum Absterben verurteilt. Freilich kann man in der sowjetischen Wirtschaft jede Menge Tatsachen finden, die eine voreingenommene Auffassung bestätigen. Aber die Jahre vergehen. Die Wirtschaft der Sowjetunion existiert, ungeachtet der weisen Analysen und Prognosen westlicher Fachleute, und ist sogar im Begriff, stärker zu werden. Woran liegt das?

Das liegt daran, daß ein Unterschied zwischen dem Begriff der sozialen Effektivität der Arbeit und dem Begriff der wirtschaftlichen Arbeitsproduktivität zu machen ist. Bei der Erstellung der letzteren hat man die Produktionsmittel und die Organisation der Arbeit zu berücksichtigen, hingegen ist zum Feststellen der ersteren eine ganz andere Korrelation erforderlich. Dabei wird ein Musterarbeiter für eine bestimmte Art von Tätigkeit eingeführt, das heißt, die Arbeitsproduktivität eines durchschnittlichen Arbeiters wird unter der Bedingung untersucht, daß er daran interessiert ist, möglichst gut zu arbeiten. Dann wird die tatsächliche Arbeitsaktivität der Menschen in der gegebenen Tätigkeit geprüft. Das Verhältnis der zweiten Größe zur ersten ist die soziale Effektivität der Arbeit. Sie ist immer kleiner als eins. Sie ist mehr oder weniger konstant für einen bestimmten Gesellschaftstyp insgesamt und für verschiedene Tätigkeiten innerhalb desselben.

Also ist die sowjetische Führung – welche Maßnahme sie hinsichtlich der Steigerung der Arbeitsproduktivität auch unternehmen mag – nicht imstande, ihre soziale Effektivität zu erhöhen. Keine Anstrengung und kein Ansporn können hier helfen, zumal dieses Problem Millionen Menschen betrifft. Was auch immer getan wird – die Masse wird jegliche Anstrengung zum Scheitern bringen. Hier ist die Steigerung der wirtschaftlichen Produktivität lediglich durch die Verbesserung der Technologien möglich und durch die Umstellung der Arbeitsprozesse auf solche, in denen die Arbeit weniger vom menschlichen Charakter und/oder von sozialen Bedingungen abhängig ist. Man muß die Produktion so organisieren, daß der Mensch gezwungen ist, zu arbeiten, und daß jede Ausführung der Arbeit ausreichend ist. Abgesehen davon ist ja noch gar nicht bekannt – wenn man die Gesellschaft als Ganzes betrachtet –, wo die soziale Effektivität der Arbeit höher ist – im Westen oder in der Sowjetunion. Es ist nicht ausgeschlossen, daß die Sowjetunion in dieser Hinsicht vorangekommen ist. Das Ergebnis wird sich erst in ein paar Jahrhunderten zeigen.

Wo ist es besser?

Wo lebt man besser – in der Sowjetunion (in einer kommunistischen Gesellschaft) oder in den demokratischen Ländern des Westens? Welche soziale Ordnung und welche Lebensweise ist besser – die kommunistische (sowjetische) oder die westliche? Vielen im Westen scheint die Antwort auf eine solche Frage klar: Natürlich lebt man besser im Westen, die westliche Sozialordnung und Lebensweise ist besser als die sowjetische (kommunistische). In der Sowjetunion sind Konsumgüter Luxus – im Westen gibt es sie im Überfluß. In der Sowjetunion herrschen Zensur und eine ideologisch ausgerichtete Presse – der Westen gewährt vollständige Schaffensfreiheit. In der Sowjetunion gibt es keine demokratischen Freiheiten und die »unveräußerlichen«

Menschenrechte werden untergraben – der Westen dagegen ist ein demokratisches Paradies. In der Sowjetunion werden Homosexuelle verfolgt – im Westen . . . Mit einem Wort, in der Sowjetunion ist die Hölle, im Westen das Paradies. Wenn die Grenzen geöffnet würden, würden alle Sowjetbürger in den Westen fliehen. Wenn man jedoch das Problem sorgfältiger zu analysieren beginnt und die verschiedenen Positionen der Menschen innerhalb der Gesellschaft und die vielen verschiedenen Seiten ihres Lebens berücksichtigt, so stellt sich das, was offensichtlich schien, als Scheinbild heraus. Und wenn man die Frage noch dazu unter dem Aspekt der Historie betrachtet, so kommen einem in tiefster Seele unwillkürlich düstere Zweifel.

Ein Vergleich als logische Operation verlangt Vergleichsgrundlagen – Parameter, nach denen man diesen Vergleich durchführen kann. Wenn es um die sozialen Systeme und Lebensformen großer Bevölkerungsgruppen geht, müssen für einen Vergleich Hunderte oder sogar Tausende verschiedener Parameter die Grundlage sein, die voneinander nicht unabhängig sein dürfen, sondern in einem komplizierten System von Wechselwirkungen stehen müssen. Die Rolle jedes einzelnen Parameters ist dabei nicht unbedingt eindeutig oder stabil. Ein und derselbe Parameter für eine Bevölkerungsgruppe kann in bezug auf eine Beziehungsebene zu einer bestimmten Zeit positiv aussehen, für eine andere Bevölkerungsgruppe in bezug auf eine andere Beziehungsebene oder zu einer anderen Zeit jedoch negativ. Wir untersuchen später ein paar Beispiele für solche Fälle.

Hinzu kommt, daß ein Vergleich im öffentlich-gesellschaftlichen Leben nicht durch einen oder mehrere einzelne unvoreingenommene Gelehrte zustandekommt, sondern durch Millionen Menschen – und das durch verschiedene Generationen hindurch. Diese Menschen befinden sich unter verschiedenen Existenzbedingungen, haben verschiedene Ansprüche und Ziele. Und ihre Vergleichstätigkeit ergibt sich als Summe bestimmter historischer Tendenzen. Die Frage, welches soziale System und welche

Lebensweise besser ist, ist kein wissenschaftliches oder gar propagandistisches Problem, sondern ein historisches. Erst nachdem die Geschichte einen schonungslosen Vergleich durchgeführt und ihre Wahl getroffen haben wird, werden tiefsinnige Gelehrte und Schriftsteller unzählige Seiten schreiben, auf denen sie überaus überzeugend »beweisen«, daß gerade dieses (in der tatsächlichen Geschichte siegreiche) System und gerade diese Lebensweise sich als die besseren erwiesen. Aber solange die Geschichte eine solche Wahl nicht getroffen hat, können unsere verantwortungslosen Zeitgenossen noch Tausende sinnloser Seiten produzieren.

Analog verhält es sich auch bei einer verwandten Frage: Wer ist stärker – die Sowjetunion mit ihren Verbündeten oder der Block der westlichen Länder? Auch in diesem Falle muß man einen ganzen Komplex von Parametern berücksichtigen, welche diese überaus komplizierten sozialen Systeme, die zu vergleichen sind, in allen wichtigen Aspekten ihres Lebens charakterisieren.

Ist die Bäuerin vom Karren, ist der Stute leichter

In den liberalen Jahren verfaßte ein rühriger Hochstapler eine ganze Dissertation über Volksweisheiten. Das volkstümliche Sprichwort »Wie man in den Wald hineinruft, so schallt es heraus« handelte er als universales Gesetz von »Wirkung gleich Gegenwirkung« ab. Er widmete ein ganzes Kapitel dem Sprichwort »Ist die Bäuerin vom Karren, ist der Stute leichter«, wobei er die tiefe logische Kraft enthüllte, die in diesem Spruch verborgen liegt. In der Tat, wenn eine Bäuerin vom Karren klettert (oder fällt), der von einem Pferd gezogen wird, so wird das Pferd den Karren leichter ziehen. Versuchen Sie doch einmal, diese Wahrheit zu widerlegen! Oder nehmen wir das Sprichwort »Was man gesät hat, wird man auch ernten«. Hier war für den Forscher schon eine ausführlichere Analyse vonnöten, denn die Erfahrung des Landlebens auf einer Kolchose brachte hier selbst eine Korrektur an: Auf den Kolchosen säte man, erntete aber nicht, und wenn doch, so keineswegs das, was man gesät hatte. Für die Interpretation des Sprichwortes »Gibst du dem Pferd einen Nasenstüber, schlägt es mit dem Schweif« zeichnete der Autor der Dissertation sogar ein Pferd mit dem Mechanismus der Schweifreflexe auf und stellte eine ganze Kette von gescheiten Schlußfolgerungen an, deren Ausgangsannahme die Beschreibung der Tatsache des Nasenstübers an sich und deren Folgeannahme die Beschreibung der Tatsache des Schlagens mit dem Schweif war. Nicht einmal der allerpedantischeste Lehrer am Lehrstuhl für Logik, der noch vor der Revolution irgendwo in der Provinz in Pensa Formallogik unterrichtet hatte, konnte in der Kette der Syllogismen des Dissertanten irgendwelche Fehler finden. Ein etwas angeheiterter Student sagte, daß er – wäre er eine Stute, die einen Nasenstüber bekäme, – einem solchen Experimentator den Finger abbeißen würde. Man entfernte den Studenten aus dem Hörsaal, setzte seine Prüfungsnoten herunter und ließ ihn nicht zur Aspirantur* zu. Der Student sagte später, wenn er diese Folgen vorausgesehen hätte, so hätte er dieser Stute (laut Anweisung des Experimentators) aufs Maul geschlagen und den Schweif ausgerissen. Wie man sieht, forderte der Fortschritt auf dem Gebiet der Logik in unserem Lande seine Opfer.

In dieser Dissertation über Volksweisheiten gab es ein ganzes Kapitel, das dem Sprichwort »Beim Mädchen weniger – beim Weibe mehr« gewidmet war. Der Dissertant sah in diesem Spruch die Vorwegnahme des Gesetzes von der Erhaltung der

* Aspirantur – Vorbereitung auf eine wissenschaftliche Laufbahn in Verbindung mit der Anfertigung einer Dissertation (Anm. d. Übers.)

Materie. Über diese Frage entbrannte eine hitzige Diskussion. Jeder der Redner bot seine Auffassung davon an, was nun genau in der Natur und in der Gesellschaft bei der abrupten Verwandlung des Mädchens zum Weib erhalten bleibe. Irgendjemand wollte unter Berufung auf Engels beweisen, daß hier die mechanische Energie sofort umgewandelt werde in – atomare. Da die Weltrevolution auf dem Gebiet der Sexualität Moskau noch nicht erfaßt hatte, kam man überein, dieses Kapitel aus der Dissertation zu streichen.

Die große Zone

Eine Zeitlang war es im Westen Mode, die sowjetische Gesellschaft als »Große Zone« zu sehen, das heißt, als ein auf die Größe des ganzen Landes erweitertes und ein wenig gelockertes Konzentrationslager. Später änderte sich diese Mode ein wenig zugunsten einer Vorstellung von der sowjetischen Gesellschaft, in der das Bild des Lagers in abgeschwächter Form gebraucht wurde: Das Konzentrationslager begann man nun als Modell für die sowjetische Gesellschaft zu betrachten. Das Wörtchen »Modell« sollte den soziologischen Dilettantismus auf die Ebene moderner Wissenschaft emporheben. Als literarischer oder polemischer Kniff hatte eine solche Gleichsetzung der sowjetischen Gesellschaft mit einem Konzentrationslager möglicherweise seine Berechtigung. Jedoch vom rein wissenschaftlichen Standpunkt aus betrachtet, bedeutete sie lediglich eine andere (im Vergleich zur offiziellen Ideologie anders ausgerichtete) Form der Verfälschung der sowjetischen Geschichte und der Natur der sowjetischen Gesellschaft.

Ein Modell nennt man, vereinfacht gesagt, in der Wissenschaft einen Gegenstand, der anstelle eines anderen Gegenstandes (nennen wir ihn Original) mit dem Ziel untersucht wird, irgendwelche Erkenntnisse über letzteren (über den Originalgegenstand) zu erhalten. Ein Modell wird dann verwendet, wenn die Untersuchung des Originals selbst unmöglich, erschwert, zu umfangreich oder zu teuer ist und zuviel Zeit erfordert, es im Prinzip jedoch möglich ist, mit Hilfe eines Modells die gewünschten Erkenntnisse über das Original verhältnismäßig leicht und billiger zu erhalten. Ein Modell wird mit der Berechnung ausgesucht oder konstruiert, daß man die Erkenntnisse, die man aus dem Studium des Modells erhält, nach besonderen Regeln auch auf die Erkenntnis über das Original übertragen (einen deduktiven Schluß aus diesem für das Original ziehen) kann. Der allgemeine Anspruch an das Modell richtet sich auf dessen Ähnlichkeit mit dem Original hinsichtlich der zu untersuchenden Größen und deren wechselseitigen Beziehungen.

Das oben Ausgeführte gilt voll und ganz für die Verwendung eines Modells bei der Erforschung soziale Phänomene. Zu den allgemeinen Regeln des Modellierens gesellen sich hier jedoch noch ergänzende Regeln, die mit der Gattung der zu erforschenden Phänomene verbunden sind. Wenn beispielsweise eine Gesellschaft im Ganzen untersucht wird, so muß dabei berücksichtigt werden, daß sie ein organisches Ganzes oder ein sozialer Organismus ist. Das bedeutet, daß eine Gesellschaft als eine verhältnismäßig autonome Ganzheit betrachtet werden muß; als innerlich differenziert; als etwas, das aus verschiedenen Teilen, Stoffen und Organen besteht, die verschiedene wichtige Lebensfunktionen erfüllen (auch eine Teilung der Funktionen); aus etwas, das sich im Zuge der Generationen immer wieder reproduziert usw. Und als Modell für eine Gesellschaft müßte man einen solchen Gegenstand aussuchen oder eigens anfertigen (was mit Hilfe moderner Computer möglich ist), der die Struktur einer Gesellschaft imitieren könnte, ebenso seine grundsätzlichen Lebensprozesse und Funktionen, seine Mechanismen der Selbstverwaltung und Selbsterneuerung. Modell für einen ganzen Organismus kann nie ein einzelnes seiner Organe sein, das im Organismus nur eine bestimmte Funktion erfüllt. Der einzelne Finger oder sogar die Hand eines Menschen können nie ein Modell für einen ganzen Menschen als soziales Wesen sein. Dafür kann beispielsweise eine einzelne Zelle als Modell für einen lebendigen Organismus dienen. Genauso verhält es sich auch mit dem gesellschaftlichen Organismus. Als Modell für eine ganze Gesellschaft kann auch ein verhältnismäßig in sich geschlossener autonomer Teil derselben dienen, der die grundlegenden Eigenschaften des Ganzen besitzt – die Zelle eines Ganzen. In der kommunistischen (sowjetischen) Gesellschaft ist dies die ursprüngliche sozial-ökonomische Organisation, die für die Erfüllung bestimmter Arbeitsfunktionen geschaffen und verhältnismäßig autonom in ihrem Wirkungsbereich ist, indem sie eine eigene Direktion (Leitung), Buchhaltung, Personalabteilung, Partei- und Komsomolorganisation hat; im allgemeinen sind das die jedermann wohlbekannten Fabriken, Werke, Institute, Geschäfte, Sowchosen*, Schulen, Büros . . .

Wenden wir uns jetzt wieder dem Konzentrationslager zu. Letzteres besteht aus Menschen zweier Kategorien: 1) den Eingeschlossenen, 2) dem »Bedienungspersonal«, das heißt der Verwaltung, der Wache und anderen Personen, die sich als ganz gewöhnliche, freie Bürger (nicht Gefangene) für diese Arbeit verdingen. Nur Menschen der zweiten Kategorie bilden die gewöhnliche sowjetische Einrichtung, den Sonderfall einer sozialen Zelle. Die Menschen der ersten Kategorie (die Gefangenen) bilden keine normale Zelle der Gesellschaft. Sie haben ihre autonomen Leitungen, Parteiorganisationen und andere Attribute einer normalen Einrichtung. Sie gründen keine Familien, ziehen keine

---

* Sowchose – Abkürzung eines zusammengesetzten Wortes aus »Sowjetische« + »Wirtschaft« – es handelt sich um eine Form der staatlichen sowjetischen Landwirtschaftsgüter. (Anm. d. Übers.)

Kinder auf, machen keine Karriere, nehmen nicht am gesellschaftlichen Leben auf allgemeiner Basis teil. Sie sind nur Material für die Tätigkeit der Menschen letzterer Kategorie. In soziologischer Hinsicht ist die Situation hier der in einem Krankenhaus analog. Das medizinische und Verwaltungs-Personal des Krankenhauses bildet die Zelle der Gesellschaft und nicht die Kranken. Die Kranken sind nur das Material für deren Tätigkeit.

Aus der Tatsache heraus, daß ein Konzentrationslager, aus der Sicht der Gefangenen betrachtet, nicht als Modell für die kommunistische (sowjetische) Gesellschaft dienen kann, folgt nicht, daß diese Gesellschaft gut ist. Aus der Tatsache, daß eine Menge Konzentrationslager existieren, folgt, daß diese Gesellschaft Kritik verdient. Doch es ist logisch falsch, die Staatsbürger nach ihren Gefangenen zu beurteilen und die Führung dieser Gesellschaft nach der Verwaltung der Konzentrationslager. Eine solche Analogie ist bestenfalls als Ausdruck von Emotionen gerechtfertigt, jedoch nicht als Ausdruck einer Erkenntnis.

Wir brauchen eine materielle Implikation

Nachdem die mathematische Logik »rehabilitiert« worden war (es gab eine Periode, in der man ehemalige »Feinde des Volkes«, Richtungen in der Kunst und Bereiche der Wissenschaft rehabilitierte), zollten ihr selbst hohe Parteifunktionäre ihren Respekt. Ich erinnere mich an folgenden Fall: Anläßlich eines Symposiums über einen der rehabilitierten Wissenschaftszweige ergriff ein namhafter Parteifunktionär das Wort. Nachdem er eine Reihe von Komplimenten an die Adresse der Logik ausgesprochen hatte, beschloß er, durch Gelehrsamkeit zu glänzen. »Wir Marxisten-Leninisten«, begann er, »lehnen die Implikation nicht ab. Aber wir Marxisten-Leninisten brauchen keine formale Implikation, sondern eine materielle!« Die Teilnehmer des Symposiums klatschten Beifall. Wir Logiker jedoch, die das Einmaleins der modernen Logik bereits beherrschten, erstickten beinahe vor Lachen. In der Logik bezeichnet man nämlich mit dem Begriff »formale Implikation« die komplizierten Annahmen vom Typ »Wenn X so ist, dann ist Y so«, wobei zwischen den Annahmen X und Y eine sinngemäße Verbindung besteht, zum Beispiel: »Wenn man durch einen Leiter elektrischen Strom schickt, so entsteht um ihn herum ein Magnetfeld.« Eine materielle Implikation jedoch nennt man Annahmen vom Typ »Wenn X so ist, dann ist Y so«, wobei zwischen X und Y keine sinngemäße Beziehung herrschen kann. So ist beispielsweise eine materielle Implikation wie die folgende »Wenn 2 plus 2 gleich 5 ist, so hat man in der Sowjetunion im Jahre 1980 eine Monarchie errichtet« wahr, obwohl zwischen den beiden Teilen keinerlei sinngemäße Beziehung herrscht. Der Parteifunktionär jedoch, daran gewöhnt, daß die Worte »Materie« und »materiell« unabdingbare Attribute der marxistischen Phraseologie sind, gab der materiellen Implikation den Vorzug, die so zum Gegenstand des Gelächters der Anhänger der höheren, dialektischen Logik wurde.

Soziale Normen und Abweichungen von der Norm

Es ist allgemein bekannt, daß der Lebensstandard in der sowjetischen Gesellschaft viel niedriger ist als in westlichen Ländern, daß chronischer Mangel an Lebensmitteln herrscht, daß Korruption und Trunksucht gedeihen, daß Arbeitsproduktivität und Arbeitsdisziplin niedrig sind usw. Es fragt sich, ob diese Phänomene die Norm des sowjetischen Lebens sind oder eine Abweichung von dieser? Natürlich eine Abweichung von der Norm, behaupten die, die annehmen, daß die Norm etwas Gutes wäre, die Abweichung von der Norm jedoch etwas Schlechtes. Sogar die sowjetische Führung, die immer wieder den entschiedenen Kampf gegen die Korruption ansagt, für die Erhöhung der Arbeitsproduktivität und -disziplin, für den Aufschwung der Landwirtschaft und einen noch höheren Lebensstandard, gegen die Trunksucht, für . . ., gegen . . ., für . . ., gegen . . . – erkennt eben dadurch die erwähnten Phänomene als Abweichung von der Norm des sowjetischen Lebens an. Doch eben diese sowjetische Führung hält Arbeitslosigkeit, Terrorismus, Inflation, Drogensucht, Prostitution, Banditentum und andere negative Phänomene des westlichen Lebens für die Normen der westlichen Gesellschaft.

Um logisch richtig mit dem Begriff der sozialen Norm (zum Unterschied von der moralischen, rechtlichen oder anderen Normen) umzugehen, darf man diesen in erster Linie mit keinerlei Wertung behaften. Die soziale Norm ist an sich weder etwas Gutes noch etwas Schlechtes. Denn für jene sozialen Phänomene, die wir für schlecht und unerwünscht halten, existieren eigene soziale Normen. Ebenso für jene, die wir für gut halten. Es ist ferner unerläßlich, zu klären, ob sich ein gegebenes Phänomen durch die Bedingungen der gegebenen Gesellschaft gesetzmäßig ergibt oder nicht. Wenn dies gesetzmäßig geschieht, so muß wiederum geklärt werden, innerhalb welcher Grenzen es in der gegebenen Gesellschaft schwankt, welche Maßstäbe seine Gesellschaft in dieser oder jener Form als zulässig anlegt, die unvermeidlich das Böse oder das Gute ist. Es erfordert eine spezielle soziologische Untersuchung, genau und vollständig die Normverhältnisse des Lebens einer Gesellschaft und die Abweichungen von diesen zu beschreiben. Man würde spezielle Messungen benötigen, die aus einer Reihe von Gründen praktisch nicht durchführbar sind. Doch es ist schon jetzt auf der Basis qualitativer Beobachtungen zu sagen, daß die kommunistische Gesellschaft über einen überaus mächtigen inneren Mechanismus verfügt, der alle Aspekte des Lebens von Menschenmassen im Rahmen der zulässigen Normen hält und Abweichungen davon bekämpft. In vielen Fällen, gerade wenn es den Anschein hat, als seien die sowjetische Bevölkerung und ihre Führung nicht fähig, mit Schwierigkeiten und Krisensituationen fertigzuwerden, findet in Wirklichkeit nicht eine Abweichung von den Normen statt, sondern eben die Auswirkung der Normen selbst. So ist beispielsweise der Mangel an Konsumgütern (im westlichen Sinn) nicht eine Abweichung von der Norm, sondern die Norm für die Gesellschaft dieses Typs. Und die Machthaber sind aus dem Grund nicht imstande, dieses Manko zu überwinden, weil ein Überfluß an Konsumgütern die Abweichung von der Norm wäre. Die Machthaber sind nicht fähig, diese Norm des (im Vergleich zum Westen) niedrigen Lebensstandards zu überwinden, denn die viele Millionen starke Masse der Bevölkerung ist so organisiert, daß die Appelle der Führer ungehört verhallen.

Normalzustand einer Gesellschaft (die Norm für diese) ist jener Zustand, der ihren objektiven Gesetzmäßigkeiten und den historisch gewachsenen Vorstellungen der Bevölkerung über Gerechtigkeit und ein normales Leben entspricht. Deshalb muß man zur Beschreibung der Norm der sowjetischen Gesellschaft eine allgemeine Theorie des kommunistischen Gesellschaftstyps aufstellen und die spezifischen, historisch entwickelten, jedoch stabilen Besonderheiten der Sowjetunion beschreiben. Hier beschränke ich mich darauf, einige Beispiele anzuführen und anhand dieser den ausgesprochenen Gedanken zu erklären.

Eine der objektiven Gesetzmäßigkeiten einer kommunistischen Gesellschaft ist das Prinzip der Verteilung materieller und anderer Güter, nach welchem die Bürger einer Gesellschaft ihre öffentlich anerkannten Bedürfnisse entsprechend ihren sozialen

Positionen befriedigen können. Nachdem die Verteilung in einer Gesellschaft ein Massenphänomen ist, gibt es hier viele Schwankungen und Variationen. Doch das allgemeine Prinzip ist in dieser oder jener Form wirksam. Entsprechend diesem Prinzip haben Menschen mit gleichartigen sozialen Positionen einen mehr oder weniger gleichen Lebensstandard. Und wenn das soziale Niveau des einen höher ist als das des anderen, so muß auch der Lebensstandard des ersteren im Grunde höher sein als der des letzteren. Daher ist in dieser Gesellschaft der relative und nicht der absolute Lebensstandard von großer Bedeutung. In der praktischen (massenweisen) Durchführung wird dieses Prinzip so realisiert, daß jeder danach strebt, seine soziale Position auszunützen, um von der Gesellschaft so viel dieser Position zustehende Güter zu Verfügung gestellt zu bekommen wie möglich. Von daher kommt die allgemeine Korruption, die im Westen als Zeichen des Verfalls der sowjetischen Gesellschaft angesehen wird, tatsächlich jedoch praktisch die Norm des Lebens ist. Dieses Phänomen wird offiziell gerügt, wie auch viele andere Prinzipien des sowjetischen Systems – die kommunistische Gesellschaft möchte einen tadellosen Anschein erwecken. Außerdem ist die negative Einstellung zur Korruption ein Mittel, diese innerhalb eines gewissen Rahmens zu halten und es nicht zu übermäßigen Abweichungen von der Norm kommen zu lassen.

Die Korruption ist – ich wiederhole es – nicht die Verletzung einer bestimmten sozialen Norm. Sie ist die Verletzung eines juristischen Gesetzes, das dazu bestimmt ist, die praktischen Normen zu wahren. Das ist die unausweichliche Folge und zugleich die Manifestation des allerobjektivsten Prinzips der Verteilung von Gütern. Eine Abweichung von der Norm ist die Überschreitung des Maßes der Korruption. In den meisten Fällen ist die Korruption nicht aufzudecken – sie verläuft immer innerhalb der Grenzen juristischer Gesetze (beispielsweise gegenseitige Dienste über Bekannte). Sie wird enthüllt, wenn sie deutlich die Rahmen des Gesetzes sprengt, oder wenn Personen in Erscheinung treten, die an ihrer Aufdeckung interessiert sind und deren Position dazu stark genug ist. Aber das ist nicht so ganz einfach. Manchmal bedarf es der Anstrengungen der obersten Behörden und des Staatssicherheitsapparates über viele Jahre hinweg, um der ungezügelten Korruption Einhalt zu gebieten (Georgien, Aserbeidschan).

Wir sind mit dem Begriff der Abweichung von der Norm konfrontiert, der mit dem Begriff der Norm in wechselseitiger Beziehung steht: Man kann nicht den einen ohne den anderen definieren, denn der eine bezeichnet die Grenzen des anderen. Aber nicht nur darum geht es hier. Abweichungen von der Norm können eine unausweichliche Folge der Realisierung der Norm selbst sein. So gibt es beispielsweise Fälle, wo sich für einen Untergebenen günstigere Voraussetzungen für Bestechung ergeben als für den Chef selbst, oder sich der Untergebene in bezug auf die Ausbeutung der Gesellschaft zu seinen Gunsten als geschickter erweist. Dann ergibt sich für ihn unter Umständen ein höherer Lebensstandard als für seinen Chef. Das entspricht nicht dem abstrakten Prinzip der Güterverteilung und dem Bewußtsein für deren gerechte Verteilung. Eine solche Abweichung von der Norm muß irgendwie unterbunden und sogar geahndet werden.

In der kommunistischen Gesellschaft sind sowohl der einzelne Staatsbürger als auch seine Vereinigungen und Gruppierungen, einzelne Organe und Teile des gesellschaftlichen Organismus, die Sphären des gesamten Lebensbereiches der Menschen und die Gesellschaft insgesamt in ein überaus kompliziertes Normensystem verstrickt. Und für all das, was als Norm gilt, gibt es eine Entsprechung bestimmter Phänomene, die als Abweichungen von der Norm gelten. Dabei sind jedoch alle a-priori-Urteile in dieser Hinsicht zum Scheitern verurteilt. Es ist ein konkretes Studium der Gesellschaft erforderlich, um sich zu vergewissern, daß diese oder jene Phänomene den Normen oder deren Abweichungen zugerechnet werden können. Wenn beispielsweise entsprechend den objektiven Gesetzmäßigkeiten des kommunistischen Systems die Opposition der Masse diesem als System gegenüber eine Abweichung von der Norm ist, so sind die prophylaktischen Maßnahmen gegen eine solche und deren Unterdrückung auch die Norm. Die Bindung des einzelnen an den Arbeitsplatz und an einen bestimmten Wohnort ist eine Norm, das Auftreten gesunder Erwachsener, die nicht arbeiten, ist eine Abweichung von der Norm. Und solche Menschen werden verfolgt, was wiederum der Norm entspricht. Die sogenannte »kollektive« Führung nach dem Tod eines Partei- und Staatsoberhauptes ist die Abweichung von der Norm, wie in der Folge die Bildung eines persönlichen Machtapparates und die Einzelführung (»Diktatur«) wiederum die Normalerscheinung im Führungssystem ist.

Die Besonderheit der Lebensnormen in einer kommunistischen Gesellschaft besteht darin, daß diese sich ganz natürlich ergeben, das heißt aus den objektiven Lebensbedingungen von vielen Millionen Menschen innerhalb eines einzigen sozialen Ganzen eines solchen Systems erwachsen, nicht jedoch den Menschen gewaltsam von außen oder von oben aufgezwungen werden – wie man sich das immer noch im Westen vorstellt. Täuschung und Gewaltanwendung haben bei der Formung der sowjetischen Gesellschaft eine gewaltige Rolle gespielt. Eine große Rolle spielen sie auch heute. Doch diese Rolle besteht nicht darin, das soziale System selbst zu erfinden, sondern die Volksmassen so zu organisieren, daß sie zur Schaffung dieses Systems und seiner Erhaltung aktiv beitragen. So ist beispielsweise die juristische Bindung der Menschen an bestimmte Arbeitsstätten (Arbeitspflicht) Ausdruck für jene offenkundige und sozial (und nicht nur juristisch) zwingende Tatsache, daß der Mensch in einer solchen Gesellschaft seine Kräfte und Fähigkeiten der Gesellschaft zur Verfügung stellen, Erfolge erringen, Karriere machen, seinen Lebensunterhalt verdienen, seine Lebensbedingungen verbessern und anderes mehr kann – all das jedoch nur über sein ursprüngliches (primäres) Kollektiv. Wenn ein Mensch eine parasitäre Lebensweise führen will (und die kommunistische Gesellschaft ist ein Paradies für unzählige Parasiten auf allen Ebenen der sozialen Hierarchie), so muß er dies in seiner Eigenschaft als Mitglied eines Arbeitskollektivs und zudem als angesehener Arbeiter tun. Und er kann das tun, weil dieselben Lebensnormen der kommunistischen Gesellschaft es einem geschickten Parasiten erlauben, als gut arbeitender Staatsbürger dazustehen, denn die formale Augenscheinlichkeit ist hier sozial wichtiger als der verborgen wirkende Kern der Sache.

Die Ungleichheit bei der Abdeckung von Bedürfnissen (z. B. durch Konsumgüter) und das Privilegiensystem sind ein weiterer Ausdruck für die ebenso völlig offensichtliche Tatsache des Bestehens einer sozialen Hierarchie und für das gerechte Prinzip der Güterverteilung nach Maßgabe dessen, was den Personen der verschiedenen Stufen dieser Hierarchie zur Verfügung steht (»Offiziere« haben mehr als »Soldaten«, »Generäle« mehr als »Offiziere«).

Abweichungen von der Norm sind im Leben eines komplizierten sozialen Organismus übliche Erscheinungen. Wie bereits gesagt, erzeugt schon das Bestreben nach Wahrung der Normen Abweichungen von diesen. Es ist wichtig, wie eine Gesellschaft auf Abweichungen von der Norm reagiert. In der kommunistischen Gesellschaft hat sich ein in der Geschichte der Menschheit beispielloser Mechanismus der Selbsterhaltung entwickelt. Der Kampf gegen Abweichungen von der Norm ist eine der wichtigsten Funktionen dieses Mechanismus – wenn nicht die wichtigste überhaupt. Dabei besteht die Hauptfunktion dieses Mechanismus in erster Linie in der täglichen Prophylaktik gegen Abweichungen, und diese Funktion wird von besonderen Macht- und Kontrollorganen wahrgenommen, jedoch innerhalb von Primärkollektiven ebenso von verschiedenen öffentlichen Organisationen und deren Verwaltung. In jenen Fällen aber, in denen die Abweichungen den zulässigen Rahmen sprengen oder sogar der

Kontrolle der Gesellschaft entgleiten, werden außerordentliche Maßnahmen ergriffen und Sonderkampagnen durchgeführt, deren Ziel es ist, das Leben des Landes insgesamt oder eines gegebenen Teilbereiches wieder in den Rahmen der angenommenen Norm zurückzuführen. So leidet beispielsweise die sowjetische Gesellschaft in vieler Hinsicht unter der Trunksucht. Gegen sie wird ein ständiger Kampf geführt – in allen Institutionen und Unternehmen des Landes, ebenso von den Organen der Miliz. Dennoch kommt es von Zeit zu Zeit zu unvorstellbaren Exzessen des Alkoholmißbrauchs; mit einer Kampagne gegen den Alkoholismus wird dann wieder für eine bestimmte Zeit ein relativer Ordnungszustand herbeigeführt. Als ein klassisches Beispiel dieser Art kann auch das Aufflammen und Ersticken der Dissidentenbewegung dienen. Die Verhältnisse im Lande hatten sich so entwickelt, daß die Primärkollektive und Machtorgane das Entstehen der Dissidentenbewegung nicht mit den üblichen Vorbeugungsmaßnahmen abwenden konnten. Es bedurfte außerordentlicher Maßnahmen auf der Ebene staatlicher Machtorgane über längere Zeit hinweg, um diese Bewegung so zu unterdrücken, das heißt, sie so zu schwächen und zu dezimieren, daß sie keine Gefahren für das Fortbestehen des sozialen Systems des Landes oder zumindest keine Diskreditierung desselben bei der Bevölkerung mehr hervorrufen konnte.

Um die negativen Folgen der kommunistischen Organisation des menschlichen Lebens an sich innerhalb der Schranken einer gewissen Norm zu halten, ist die Gesellschaft gezwungen, nicht nur ihr Kontroll- und Strafsystem zu verstärken, sondern auch eigene Lebens- und Tätigkeitsformen in dieser Richtung zu entwickeln, um diese negativen Folgeerscheinungen möglichst auszuschließen und automatisch durch sich selbst einzuschränken. Viele Unternehmen in der Sowjetunion (beispielsweise die Moskauer Untergrundbahn) arbeiten gut, da es aufgrund der Arbeitsbedingungen und -organisation praktisch unmöglich ist, schlechte Arbeit zu leisten oder sich während der Arbeitszeit herumzutreiben oder zu betrinken.

Die eiserne Logik der Führer

Wie sich von selbst versteht, war für die Herausbildung unseres logischen Denkapparates die eiserne Logik des klassischen Marxismus von entscheidender Bedeutung. Wieso die eiserne – und nicht etwa schmiedeeiserne, bronzene, granitene oder gar eichene? Das konnte uns bisher niemand erklären. Die eiserne und damit basta! Will man aber wissen, warum, so heißt es, lesen Sie doch die Klassiker, dann werden Sie selbst sehen, daß ihre Logik eben eisern ist. Mit Stalin verhielt es sich einfacher: Seine Logik war stählern*, was vollständig einleuchtete. Selbst seine Feinde akzeptierten das. »Genosse Iwanow irrt«, pflegte Jossif Wissarionowitsch mitunter zu sagen, »folglich hat er nicht recht. Also sind seine Ansichten unrichtig. Aber wozu brauchen wir unrichtige Ansichten, wenn wir richtige haben?« – In der Tat, wozu auch? Da mußten selbst seine Feinde, die allein beim Gedanken daran erblaßten, daß sie danach nichts Gutes zu erwarten hätten, zugeben: »Ja, das kann man ihm nicht absprechen: seine Logik ist stählern.«

---

* Im Russischen wird das Eigenschaftswort von Stahl von demselben Wortstamm wie der Name Stalin gebildet, wodurch im Original ein Wortspiel gegeben ist. (Anm. d. Übers.)

Meine Sprache – mein Feind

Der Sprachgebrauch an sich birgt eine Reihe von Möglichkeiten zu Täuschung, Betrug, Zaubereien und Mystifikationen. Nehmen wir zum Beispiel ein unbeschriebenes Blatt Papier und schreiben nur eine und wirklich nur die eine Aussage nieder: »Die Aussage, die auf diesem Blatt Papier geschrieben steht, ist falsch.« Dann versuchen wir herauszufinden, was sich daraus ergibt, daß wir diese Aussage als wahr anerkennen, und daraus, daß wir sie als falsch anerkennen. Angenommen, sie ist wahr. Dann ergibt sich laut eben dieser Aussage, daß sie falsch ist. Nehmen wir aber an, sie sei falsch. Dann müßten wir als wahre Aussage deren Verneinung anerkennen, die lauten würde »Die Aussage, die auf diesem Blatt Papier geschrieben steht, ist nicht falsch«. Und gemäß dieser Aussage hat die ursprüngliche Aussage nicht als falsch zu gelten.

Worin liegt die Ursache für ein so seltsames Phänomen? Darin, daß eine der fundamentalen logischen Regeln des Sprachgebrauchs verletzt ist – die der Unabhängigkeit dessen, wovon in gegebener Aussage die Rede ist, von der Aussage selbst. Entsprechend dieser Regel darf das Objekt der Aussage nicht selbst zum Akt dieser Aussage werden. In dem von uns angeführten Beispiel jedoch ist die Aussage, von der wir sagen wollen, sie sei falsch, selbst wiederum diese Aussage, die wir niedergeschrieben haben (oder ausgesprochen – wenn man die Situation umformulieren würde in »Die Aussage, die ich jetzt ausspreche, ist falsch«). Indem wir gegen die Regel von der Unabhängigkeit der Aussage vom Akt der Aussage selbst verstoßen, sagen wir in verschleierter Form, daß die wahre Aussage falsch sei, die falsche jedoch – wahr. Wenn Sie sich offen auf diese Weise ausdrücken würden, würde man Sie für einen Gaukler oder nicht normal halten. Es ist hier ähnlich wie bei den Kunststücken im Zirkus: Das Geheimnis des Kunststücks muß sorgfältig getarnt sein.

Gott ist nicht allmächtig

Ein alter Widerlegungsversuch der Allmacht Gottes sieht folgendermaßen aus:

Wenn Gott allmächtig ist, so ist er imstande, einen Stein zu schaffen, den er selbst nicht aufheben kann. Dann ist er also nicht allmächtig. Wenn er aber einen solchen Stein nicht schaffen kann, so ist er ganz offensichtlich nicht allmächtig.

Logisch gesehen, ist Gott kein empirischer, sondern ein abstrakter Begriff. Und deshalb hängt alles, was von Gott gesagt wird, davon ab, wie gut vom logischen Standpunkt aus der Begriff »Gott« definiert ist. Religionsgründer und -theoretiker maßen der Logik zwar Bedeutung bei, sie beherrschten jedoch nicht die Methoden der Begriffsdefinition, wie sie in der modernen Logik erarbeitet wurden, insbesondere die Definition mittels des Axiomensystems. Hätten sie diese Methoden beherrscht, hätten sie gesehen, daß zur Vermeidung logischer Widersprüche beim Umgang mit dem Begriff »Gott« im System der ihn bestimmenden Axiome in irgendeiner Form folgendes Postulat vorausgesetzt werden muß: Die Allmacht Gottes ist im Rahmen der praktischen – und das heißt auch: logischen – Möglichkeiten begrenzt. Mit anderen Worten kann dieses Postulat auch folgendermaßen formuliert werden: Gott kann alles, was auch ohne ihn möglich ist. Aber dann hätten die Religionsgründer überhaupt keine Religion gegründet.

Der Marxismus ist nicht allmächtig

Man muß einräumen, daß auch der Marxismus in logischer Hinsicht reichlich Material für Kritik liefert – mehr noch: für Spott und Hohn. Nehmen wir zum Beispiel eines der vielen Bücher über marxistische Philosophie, das vor einigen Jahren erschien. Es ist sozusagen das neueste Wort der Wissenschaft. Gleich zu Beginn lesen wir: »Die marxistische Philosophie stellt ein harmonisches System von Ansichten . . . dar . . .« Angenommen, es ist so. Sehen wir weiter: »Auf der Welt«, schreibt der Autor, »sind alle Gegenstände und Phänomene entweder materieller oder ideeller, geistiger Natur.« Beachten Sie: entweder das eine oder das andere. Eine Seite später jedoch heißt es: »Auf der Welt . . . gibt es nichts außer der sich bewegenden Materie.« Wie soll man das verstehen? Wo ist da die Harmonie? Das ist elementarer logischer Unsinn. Weiter: Da erläutert der Autor das Wort »Methode«. Das ist der Weg, ein Ziel zu erreichen, ein Verfahren zur Lösung von Aufgaben. Im weiteren spricht der Autor von der materialistischen Dialektik als Methode, die in ausnahmslos allen Bereichen der Natur, Gesellschaft und des Denkens anwendbar sei. Und buchstäblich wenige Zeilen später bleibt von der Auffassung der dialektischen Methode als Gesamtheit von Verfahrensweisen nichts mehr übrig. Es stellt sich heraus, daß sie eine bestimmte Lehre von der Welt ist. Weiter: In dem Buch finden wir es schwarz auf weiß: »Die allen (man sehe nur, allen!) Gegenständen und Phänomenen gemeinsame Eigenschaft, objektive Realität zu sein, außerhalb unseres Bewußtseins zu existieren und von diesem reflektiert zu werden, manifestiert auch einen philosophischen Begriff beziehungsweise eine Kategorie, die ›Materie‹.« Doch da ist selbst einem logisch Unbefangenen klar, daß hier ein Widerspruch besteht. Kann etwa das Bewußtsein selbst außerhalb dieses Bewußtseins existieren? Wenn nicht, so ist das (gemeint ist das Existieren außerhalb des Bewußtseins) keine allen Gegenständen und Phänomenen gemeinsame Eigenschaft. Ist es nicht so? Lesen wir weiter: Die Bewegung, heißt es in dem Buch, ist absolut, die Ruhe jedoch relativ. Ein Körper befindet sich nur relativ zu einem anderen Körper in Ruhe. Doch dann ist auch die Bewegung relativ, denn das gehört zu den Begriffsdefinitionen bezüglich der Bewegung. Ewigkeit und Unendlichkeit der Materie, heißt es in dem Buch, bedingen die Ewigkeit der Zeit und Unendlichkeit des Raums. Das ist jedoch Tautologie oder Nonsens. Aller Materie, wird in diesem Buch weiter behauptet, ist die Fähigkeit eigen, sich bei äußerer Einwirkung umzuwandeln. Bedeutet das, daß es doch noch etwas außerhalb der Materie gibt? – Und in diesem Geist ist das ganze Buch gehalten.

In diesem Geist sind auch alle Werke der Marxisten verfaßt – von der ersten bis zur letzten Zeile. Absolut alle. Ohne Ausnahme. Und darin liegt nicht die Schwäche, sondern die Stärke des Marxismus – denn Marxismus ist keine Wissenschaft, sondern eine Ideologie. Logisches Denken jedoch ist für eine Ideologie ebenso verhängnisvoll wie für eine Religion.

Achilles und die Schildkröte

Ein berühmtes Paradoxon Zenons lautet folgendermaßen: Der schnell laufende Achilles vermag eine langsam kriechende Schildkröte nicht einzuholen. Tatsächlich – bis Achilles jenen Punkt erreicht, an dem sich die Schildkröte befindet, hat sich diese bereits um einen bestimmten Abstand vorwärtsbewegt. Bis Achilles zu diesem neuen Punkt geeilt ist, ist die Schildkröte indessen wieder weitergekrochen. Und so geht das ohne Ende. Es stellt sich heraus, daß Achilles die Schildkröte tatsächlich nicht einholt. Aber in Wirklichkeit würde er sie rasch einholen und sogar überholen. Was ist hier los? Es scheint, als sei das Problem bis heute nicht gelöst. Doch dem ist nicht so. Manchen »Kompetenten« paßt es nur, hier ein Problem zu sehen und es als ungelöst hinzustellen. Tatsächlich liegt hier überhaupt kein Problem vor. Die Bedingungen der Bewegung sind Achilles so unklar gestellt, daß sie (die Bewegung) von der Bewegung der Schildkröte abhängig wird. In verschleierter Form wird Achilles vorgeschrieben, so zu laufen, daß er die Schildkröte nicht einholt. Stellen Sie sich doch einmal einen unendlich komprimierbaren Stab vor, der Achilles mit der Schildkröte verbindet, wobei Achilles vorgeschrieben wird, sich so zu bewegen, daß er diesen Stab unendlich zusammendrückt, ohne ihn fallenzulassen. Nimmt man aber an, daß die Bewegung des Achilles nicht von jener der Schildkröte abhängt, so kann man sich leicht ausrechnen, daß Achilles die Schildkröte einholt und diese überholt.

Ein Aporem dieser Art gelten zu lassen, bedeutet zu demonstrieren, wie es zustande kommt, das heißt, infolge welcher Verstöße gegen die Regeln der Logik es zustande kommt. Im gegebenen Fall wurde die reale Bewegung, in der Achilles nicht von der Schildkröte abhängt, durch eine solche ersetzt, in der Achilles in physikalische Abhängigkeit von der Schildkröte gebracht wird. Wenn die Regeln der Logik respektiert werden, so ergibt sich keinerlei Paradoxon. Das Problem besteht nicht darin, wie das Paradoxon zu überwinden ist, sondern darin, wie man die Wortsituation so verwirren kann, daß ein Paradoxon entsteht. Paradoxa sind in solchen Fällen keine echten, sondern scheinbare, künstliche Probleme. Aber alle scheinbaren Probleme sind als Probleme unlösbar. Man kann sie lediglich als Probleme aus der Welt schaffen.

Die denkende und sprechende Welt unserer Zeit hat sich in solchen scheinbaren Problemen verstrickt. Und jeder, der Klarheit in diese zu bringen versucht, wird ignoriert oder zum

Schweigen gebracht. Das Problem des Einholens des Westens durch die Sowjetunion gehört zu diesen künstlichen Scheinproblemen. Wie rasch sich die Sowjetunion auch vorwärtsbewegen mag, der Westen kriecht doch in jedem Fall irgendwohin davon und erweckt dabei den Eindruck, daß die Sowjetunion trotz allem zurückbleibt.

Lieber rot als tot

Was ist nun wirklich besser – rot oder tot zu sein? Es genügt, die Frage so zu stellen, um bereits die logische Absurdität der Devise »Lieber rot als tot« zu erkennen. Gibt es hier überhaupt die Aussicht auf eine Wahl? Wenn irgendwelche Menschen im Westen »rot« werden, heißt das nun, daß sie in einem für die Zukunft angenommenen Krieg oder einer angenommenen sowjetischen Intervention in Länder Westeuropas heil davonkommen? Wie die Erfahrung der Geschichte zeigt, haben die Sowjets mit den »Roten« auch keine Umstände gemacht. Vielmehr werden sie in erster Linie die »Roten« liquidieren, um die Stellung der »nicht roten« Bevölkerung zu erobern und sich vor anarchistischen und desorganisierten Elementen der Gesellschaft abzusichern. Nehmen wir ferner an, die Länder Westeuropas würden als Ganzes »rot«. Bedeutet das etwa, daß sie dadurch irgendwelche Garantien für die Abwendung eines neuen Weltkriegs und einer sowjetischen Intervention erhalten? Und was wird die Sowjetunion selbst vorziehen – ein »rot werdendes« Westeuropa oder ein »nicht rotes«, doch wirtschaftlich (und erst recht politisch!) nützlicheres Westeuropa? Aber nehmen wir an, wir haben die Wahl. Unter welchem Gesichtspunkt ist rot besser als tot? Und für wen ist es besser. Es ist sinnlos, weiter Fragen dieser Art zu stellen. Die Devise »Lieber rot als tot« ist ein besonders charakteristisches Beispiel für Demagogie, die, logisch betrachtet, ungeheuer absurd ist – und eben deshalb von ungeheurem Erfolg gekrönt.

Plus Elektrifizierung

In ein entlegenes Gebiet im Norden Sibiriens kam ein Propagandafachmann aus Moskau und hielt einen Vortrag über den Kommunismus. Selbstverständlich zitierte er Lenins berühmte Formel: »Der Kommunismus ist Sowjetmacht plus Elektrifizierung des ganzen Landes.« Sowjetmacht hatten die Bewohner des Gebietes bereits. Elektrifizierung dagegen noch nicht. Einige Jahre später versorgte man das Gebiet mit Elektrizität. Die Bewohner dachten, nun käme laut Lenin auch der Kommunismus zu ihnen. Sie begaben sich alle mit Kindern und Großeltern zur Eisenbahnstation, die etwa fünfhundert Kilometer von ihrem Wohngebiet entfernt war, um den Kommunismus abzuholen. Sie meinten, ein so hoher Gast aus der Hauptstadt habe es wohl nicht nötig, zu Fuß zu gehen, zumal es ja die Eisenbahn gab. Nachdem sie zwei Tage und Nächte vergeblich auf den ersehnten Gast gewartet hatten, kehrten sie enttäuscht nach Hause zurück. In tiefster Seele waren sie nicht unzufrieden, daß der Kommunismus aus der Hauptstadt nicht gekommen war. Sie konnten auch ohne ihn – wie sie selbst meinten – ganz gut leben. Sie hatten nur nicht begriffen, daß der Kommunismus sie längst erreicht hatte, ohne auf die Elektrifizierung zu warten. Sie wußten nicht und konnten nicht wissen, daß die Zukunft nicht dann gefährlich ist, wenn sie gewaltsam mit der Tür ins Haus fällt, sondern dann, wenn sie unbemerkt kommt und leise und unsichtbar durch die kleinen Ritzen des Lebens ins Haus eindringt.

Heute vermeidet man tunlichst, Lenins Formel zu erwähnen. Sowjetmacht und Elektrifizierung sind im Lande im Überfluß vorhanden, doch den versprochenen Überfluß an Konsumgütern gibt es noch immer nicht.

Umgangssprache und Wissenschaftssprache

Der Unterschied zwischen Umgangssprache und Wissenschaftssprache ist allgemein bekannt. Erstere gilt als natürliche Sprache, da sie das Produkt jahrhundertelanger schöpferischer Tätigkeit eines ganzen Volkes ist, das in dieser oder jener bestimmten Sprache spricht. Letztere gilt als künstlich, da sie das Produkt der schöpferischen Tätigkeit einer relativ geringen Zahl von Fachleuten im Laufe eines relativ kurzen Zeitabschnittes ist. Die gegenseitigen Beziehungen zwischen Umgangssprache und Wissenschaftssprache sind vielfältig. Ich möchte mich hier nur auf einige wenige Fragen in diesem Zusammenhang konzentrieren, die im Hinblick auf das Ziel dieses Buches interessant sind.

Die Wissenschaftssprache basiert auf der Umgangssprache und kann als Sprache ohne diese nicht existieren. Die Vernichtung der Umgangssprache würde auch zu einer Vernichtung der Sprache der Wissenschaft führen – letztere würde unverständlich. Die Grenze zwischen Umgangs- und Wissenschaftssprache ist in gewisser Hinsicht relativ und historisch bedingt. Ein Teil der Termini und Ausdrücke geht aus der Wissenschaftssprache in die Alltagssprache ein. Die moderne Alltagssprache durchschnittlich gebildeter Menschen quillt sogar über von Termini,

Behauptungen und Ideen, die man sich aus den verschiedenen Wissensgebieten der Psychologie, Medizin, Soziologie, Physik und anderen Bereichen der Wissenschaft und Technik angeeignet hat. Wissenschaftliche Entdeckungen und technische Erfindungen dringen – zusammen mit ihren spezifischen sprachlichen Mitteln – in das Alltagsleben der Menschen ein und finden Eingang in Literatur, Presse, Film und Fernsehen. Andererseits finden die Mittel der Umgangssprache in der Wissenschaft zur Einführung spezieller wissenschaftlicher Termini und zur Erläuterung ihrer Bedeutung Anwendung – ja im Anfangsstadium bilden sie überhaupt die Grundlage für die Formulierung und Entwicklung neuer wissenschaftlicher Ideen und Entdeckungen. Mit einem Wort, es hat sich in unserer Zeit eine Art zweiter Ebene der Umgangs- (Allwissenschafts- oder Populärwissenschafts-)-sprache gebildet, die an begrifflichem und gedanklichem Reichtum die Umgangssprache im traditionellen Sinn bedeutend übertrifft. Sie tut dies jedoch keineswegs hinsichtlich des logischen Niveaus. Wenn Begriffe und Behauptungen der Wissenschaft in die Sphäre der Umgangssprache gelangen, wird ihr Sinn in einem solchen Grad umgeformt, daß schließlich nur noch die graphische oder lautliche Form an ihre ursprüngliche Quelle erinnert.

Die Wissenschaft als Quelle von Irrtümern und Mystifizierungen

Zu den besonderen Eigenheiten des intellektuellen Lebens unserer Zeit gehört die Tendenz, bestimmte wissenschaftliche Entdeckungen als Wende in der Erkenntnis des einen oder anderen

Bereichs der Wirklichkeit und als sensationell umwälzend innerhalb der logischen Grundlagen der Wissenschaft überhaupt darzustellen. Manchmal geschieht es einfach dadurch, daß die »alten« Regeln der Logik in irgendwelchen neuen Zweigen der Wissenschaften für untauglich erklärt werden. Insbesondere ist in gewissen Kreisen die Meinung beinahe zum Vorurteil gediehen, für den Mikrokosmos gelte eine ganz andere Logik als für den Makrokosmos. Das geschieht mitunter indirekt durch Kritik an dem als starr und rückständig geltenden gesunden Menschenverstand jener Sterblicher, die an den erhabenen Geheimnissen der modernen Wissenschaft nicht teilhaben. Aber all das sind in der Regel Spekulationen darüber, daß die Sprache, in der über Entdeckungen der Wissenschaft Überlegungen angestellt und formuliert werden, gerade vom logischen Standpunkt aus schlecht ausgearbeitet ist. Im Zusammenhang mit der modernen Physik ist eine ziemlich eindeutig antilogisch orientierte Literatur von gigantischem Ausmaß entstanden. Erfüllte diese seinerzeit noch die vornehme Funktion, die neuen Ideen der Physik zu verteidigen und zu propagieren, so begann sie damit zugleich ihre eigenen egoistischen Ziele zu verfolgen, die jedoch ihrerseits Spuren auf deren intellektuellem Antlitz hinterließen – vor allem, als die besagten Ideen der Physik nicht mehr der Verteidigung bedurften und als so bekannt vorausgesetzt werden konnten wie Charly Chaplin. Die Tendenz, den Leser um jeden Preis in Erstaunen zu setzen und zum Glauben zu zwingen, die Objekte des Mikrokosmos, Raum und Zeit besäßen Eigenschaften, die der gesunde Menschenverstand allein nicht begreifen könne, wurde zur Existenzbedingung und zum Leitmotiv dieser Literatur. Dem Raum etwa schreibt man die Fähigkeit zu, sich zu kontrahieren oder auszudehnen, sich zu krümmen oder geradezurichten, der Zeit wiederum die Fähigkeit, sich zu bewegen – zu zerrinnen, zu gehen, sich langsamer oder schneller, vorwärts oder rückwärts zu bewegen. Dabei verschweigt man ganz, daß die erwähnten Eigenschaften dieser Dinge gerade aus der Sicht des gesunden

Menschenverstands ganz gewöhnlich sind. Und wenn dieser dagegen protestiert, daß man Raum und Zeit all dies zuschreibt, so keineswegs deshalb, weil er – immer noch der gesunde Menschenverstand – so ungebildet und konservativ ist, sondern deshalb, weil dem gesunden Menschenverstand von selbst primitivstem Niveau klar ist, daß Raum und Zeit etwas in sich einschließen, was schwer als empirisches Ding zu überprüfen ist, das man betasten, drücken, dehnen, brechen kann – und dieses »etwas« sind kryptische Übereinkünfte über die Bedeutung der verwendeten sprachlichen Ausdrücke sowie Regeln der Logik, wie sie sich zu einem gewissen Grad in der sprachlichen Praxis eingebürgert haben. Alle Tricks mit Begriffen über Raum und Zeit, mit denen schon viele Jahre Leser beeindruckt werden, beruhen auf der Unklarheit und Unbestimmtheit gewöhnlicher Ausdrücke sowie auf deren unklarer Neudeutung. Diese Tricks sind eben die Tricks der Sprache, in der von Raum und Zeit gesprochen wird. Die Wissenschaft, deren Sprache den Normen der Logik entspricht, kann niemals mit dem gesunden Menschenverstand in Konflikt geraten, sofern er ein gewisses Minimum von Wahrheiten aus der unmittelbaren Erfahrung plus bestimmten Regeln der Logik enthält, die sich jeder Mensch auf die eine oder andere Weise angeeignet hat. Wortmanipulationen mit den »neuesten Errungenschaften der Wissenschaft« und absolute Mißachtung der logischen Grundlagen der Terminologie, all das mit dem Anspruch auf immer tieferes Eindringen in das Wesen von Mikrokosmos, Raum und Zeit – so sieht die Kehrseite der Verwirklichung der edlen Absichten dieser Literatur aus. Derartige Literatur entsteht auch in anderen Spezialgebieten der Wissenschaft im Überfluß.

Solche Spekulationen aufgrund mangelhafter logischer Behandlung der Sprache und derartige Sprachtricks kommen nicht von ungefähr. Mit Entdeckungen auf bestimmten Gebieten der Wissenschaft allein kann man heute niemanden mehr in Erstaunen setzen. Daran ist man einfach gewöhnt. Aber an »Umwälzungen« in der Wissenschaft, die mit der Logik in Konflikt geraten, kann man sich nicht gewöhnen. Eine Tatsache, die logisch unmöglich ist, von der aber angesehene Hohepriester der Wissenschaft behaupten, sie geschehe oder ereigne sich laut letzten Erkenntnissen der Wissenschaft, gilt im Geist einer hochentwickelten Kultur des zwanzigsten Jahrhunderts als Wunder. Es fällt freilich schwer, zu glauben, daß man mit fünf Brotlaiben ein paar tausend Menschen sättigen kann. Um aber daran glauben zu können, daß Unmögliches verwirklichbar ist, Unwiederholbares wiederholbar, Unwandelbares verwandelbar – braucht man ein langes, gründliches Studium. Wirkliche wissenschaftliche Entdeckungen setzen die Fachleute immer wieder selbst in Erstaunen, die deren Sinn meistens gar nicht erfassen. Die Kompliziertheit der Welt ergibt sich lediglich aus der Anhäufung und verwirrenden Verknüpfung des Einfachen. Die Welt selbst birgt kein mystisches Geheimnis in sich. Letzteres muß erst von außen in sie hineingetragen werden ...

Der Wissenschaftlichkeitswahn

Im Weltraum fliegt ein Raumschiff. Es fliegt ein Jahr, zwei Jahre, zehn Jahre. Plötzlich passiert etwas, und das Raumschiff weicht von seiner Bahn so ab, daß es nun Millionen Jahre brauchen würde, um an seinen Bestimmungsort zu gelangen. Was soll man tun? Man kann natürlich für Millionen Jahre »einschlafen« – das heißt die Vorgänge des Lebens so verlangsamen, daß der Organismus innerhalb einer Million Jahre nur um soviel altert, wie er unter den Bedingungen auf der Erde in einem Tag altern würde. Doch am Bestimmungsort kann sich innerhalb von

Millionen Jahren die Situation ein wenig ändern. Nein, dieser Schluß paßt nicht. Besser den Weltraum »durchlöchern«, beschließen die Kosmonauten. Dank diesem Loch gelangen sie in eine andere Dimension, in eine andere räumliche Welt, und in ein paar Tagen werden sie an Ort und Stelle sein. In einem anderen Raumschiff beschloß man in derselben Situation, den Raum zu »kontrahieren«. Und überwand in ein paar Tagen ebenfalls eine Entfernung, für die man ohne eine solche »Kontraktion« Milliarden Jahre gebraucht hätte. In einem dritten Raumschiff beschloß man in analoger Situation, die Zeit so zu beschleunigen, daß Millionen Jahre binnen eines halben Jahres vergingen.

Warum, fragt man sich nun, haben diese klugen Leute nicht schon früher den Raum durchlöchert beziehungsweise kontrahiert oder die Zeit beschleunigt? Dann hätten sie sich nicht Jahrzehnte im All herumtreiben müssen. Dann wären sie in den berechneten Minuten beim richtigen Planeten in irgendeinem Milchstraßensystem angelangt, das von dem unseren hundert Lichtjahre entfernt ist. Nur deshalb, weil ohne all das kein Science-fiction-Film oder -Roman entstehen könnte. Ohne all das könnten Film- oder Romanautoren unmöglich mit ihrem Wissen auf dem Gebiet der modernen Physik glänzen.

Aber wissenschaftlich ist an dieser »wissenschaftlichen Phantastik«, genannt »Science-fiction«, absolut nichts. Das ist reiner Fieberwahn mit Anleihen aus der Wissenschaft – und mehr nicht. Abstrakt gesehen, kann man den Abstand zwischen den Milchstraßensystemen verringern, indem man diese im Weltraum einander annähert. Aber das wird dann keine Kontraktion des Raums an sich sein. Man kann Bewegung beschleunigen, indem man auf die Überwindung desselben Raums weniger Zeit aufwendet. Aber man kann niemals Zeit beschleunigen. Was heißt – Zeit beschleunigen? Das heißt, mit der Zeit etwas tun, mit dessen Hilfe innerhalb derselben Zeit mehr Zeit vergeht. Denken Sie sich in diese einfache Situation hinein, und Sie können auch ohne Physikkenntnisse im vorhinein sagen, daß dies purer Wortschwindel ist.

Raum und Zeit

Die gesamte Terminologie, die sich auf die Beschreibung von Raum und Zeit bezieht, ist so ausgearbeitet, daß sie von den konkreten Eigenschaften der zu beobachtenden Körper und Ereignisse eher ablenkt und lediglich die Tatsache ihrer Stellung in Raum und Zeit herausgreift. Raum und Zeit begann man im Zuge dieses Abstraktionsverfahrens dementsprechend als »bloße« Ausdehnung und »bloße« Dauer zu betrachten. Mit dieser Betrachtungsweise waren auch entsprechende Mängel verbunden, auf die hier nicht näher einzugehen ist. Der Fortschritt auf dem Gebiet der Physik in unserem Jahrhundert hat die früheren Vorstellungen über die Welt zunichte gemacht und neue begründet. Jeder Fortschritt auf dem einen Gebiet hat jedoch einen Rückschritt auf einem anderen zur Folge. Die Folge des Fortschritts auf dem Gebiet physikalischer Forschung war die, daß der rein terminologische Aspekt der Sprache der Physik (Definition sprachlicher Aussagen, die sich auf Raum und Zeit beziehen) mit den Meßverfahren vermischt wurde, die zur Charakterisierung der räumlich-zeitlichen Dimensionen der Objekte angewandt wurden, während diese Meßverfahren ihrerseits mit den charakteristischen Eigenschaften und Verhältnissen der Objekte selbst identifiziert wurden. Die Auffassung von Raum und Zeit als Teile der Materie (als empirisch faßbare Körper) wurde als Zerstörung abstrakter Vorstellungen begriffen, welche zur Einführung der Termini Raum und Zeit in den Sprachgebrauch notwendig waren. Schließlich wurde auf Raum und Zeit eine Terminologie übertragen, die zur Bezeichnung empirisch prüfbarer Gegenstände ausgearbeitet war, das heißt, man begann Raum und Zeit praktisch als empirische Objekte besonderer Art analog zu anderen zu betrachten. Insbesondere begann man über Veränderungen von Raum und Zeit, Gang oder Bewegung der Zeit, Kontraktion des Raums, Verlangsamung oder Beschleunigung zeitlicher Abläufe, Rücklauf der Zeit und anderes zu sprechen.

Der Unterschied zwischen dem terminologischen und dem physikalischen Aspekt läßt sich aus folgendem Beispiel ersehen, auch wenn es hypothetisch ist. Nehmen wir an, wir wollen jemandem die Bedeutung der Worte »früher« und »später« beibringen. Wir können die Unterrichtssituation so konstruieren, daß die Ereignisse A und B von unserem Schüler in umgekehrter Zeitenfolge aufgefaßt werden im Verhältnis dazu, wie wir sie auffassen (Sie, der Leser, und ich, der Autor). Und dennoch sind wir imstande, diesen Schüler zu lehren, sinngemäß mit den erwähnten Worten umzugehen. Wenn auch seine Aussage »A ist früher als B« von unserem (physikalischen) Standpunkt aus falsch sein wird, so wird doch der Sinn dieser Aussage unter dem terminologischen Aspekt klar sein.

Die Theorien der Physik bezüglich Raum und Zeit liefern keine Definitionen der Raum-Zeit-Terminologie in dem Sinn, daß sie diese Terminologie als erste einführen. Sie nehmen diese Terminologie als gegeben an und formulieren lediglich die Bestimmungsmethoden räumlich-zeitlicher Beziehungen von Objekten für verschiedenartige und im Verhältnis zur üblichen Lebenserfahrung schwierige Fälle, insbesondere für sich in verschiedener Weise bewegende Systeme, in der Ferne ablaufende Vorgänge oder Ereignisse, und jene Fälle, in denen es auf die Übertragungsgeschwindigkeit von Signalen über Vorgänge oder Ereignisse ankommt.

Selbst für einen lediglich mit gesundem Menschenverstand ausgestatteten Denker ist der folgende Umstand trivial: daß nämlich Raum und Zeit etwas in sich einschließen, was sich nicht als empirisch faßbarer Gegenstand betrachten läßt, den man betasten, drücken, dehnen oder brechen kann. Raum und Zeit sind keine empirisch faßbaren Objekte. Man darf nicht auf der einen Seite empirisch faßbare Objekte und deren Veränderungen betrachten und Raum und Zeit auf der anderen Seite. Es ist sinnlos, von Veränderung, Entstehung und Verschwinden von Raum und Zeit zu sprechen. Es ist sinnlos, von einer Veränderung des Raums zu sprechen, etwa von dessen Kontraktion, Ausdehnung oder Krümmung. Logisch gerechtfertigt kann man lediglich über die Veränderung von im Raum angeordneten Gegenständen sprechen oder von deren räumlichen Maßen und Formen. Ebenso sinnlos ist es, von Veränderungen des Zeitablaufes, dessen Verlangsamung und Beschleunigung oder vom Rücklauf der Zeit zu sprechen. Logisch gerechtfertigt kann man lediglich von einer Veränderung der Existenzdauer von Objekten innerhalb einer Zeit oder innerhalb zeitlicher Intervalle zwischen Vorgängen oder Ereignissen sprechen sowie über die Geschwindigkeit von Prozeßabläufen und die Umkehrbarkeit beziehungsweise Nichtumkehrbarkeit von Prozessen. Und es geht dabei nicht um irgendwelche objektiven Eigenschaften von Raum und Zeit, sondern um die Verfahren zur Bildung der Termini Raum und Zeit und um die Eigenschaften der Termini als Sprachphänomene – es geht einfach um den allseits ignorierten logischen Aspekt der Sprache.

Das Paradoxon der Zwillinge

Aus der physikalischen Relativitätstheorie geht gleichsam hervor, daß folgendes möglich sei: Wenn von zwei Zwillingen einer auf der Erde bleibt, der andere jedoch in den Weltraum fliegt und schließlich wieder zurückkommt, so ist durchaus möglich, daß einer der Zwillinge älter als der andere ist – für einen der beiden ist innerhalb dieser Zeit mehr Zeit vergangen. Stellen Sie sich das vor: Innerhalb ein und derselben (!) Zeitdauer vergeht für verschiedene Menschen verschieden viel Zeit! Das ist logischer Nonsens. Er entsteht jedoch als Folge gut getarnter logischer Fehler. Wenn beispielsweise ein Kosmonaut x Jahre nach seinem Abflug wieder auf die Erde zurückgekehrt ist, so hat er genau x Jahre nach irdischer Zeit verbracht, wie auch immer er die Zeit in seinem Raumschiff gemessen hat, und was auch immer dabei mit ihm geschehen ist. Er wird ebenso alt sein wie sein Zwillingsbruder, obwohl er dabei jünger oder älter aussehen kann. Es wird jedoch wohl kaum vorkommen, daß der Kosmonaut nach seiner Rückkehr auf die Erde erfährt, daß seine Eltern noch nicht geboren sind. Das kann schon dank der Bedeutung der folgenden Wörter nicht passieren, die da lauten »Mutter«, »Vater«, »Sohn« usw. – und dank den Gesetzen der Logik, jedoch sicherlich nicht dank irgendwelchen physikalischen Annahmen.

Die Logik der Mikrophysik

Die besonderen Eigenschaften und Bedingungen in der Erforschung der Phänomene des Mikrokosmos haben im Verhältnis zu den Eigenschaften und Bedingungen in der Erforschung der Makrokosmos-Phänomene einen guten Teil der Menschheit so sehr beeindruckt, daß man schon von einer besonderen Logik des Mikrokosmos zu sprechen begann (von einer Logik der Mikrophysik, einer Logik der Quantenmechanik), die grundlegend verschieden sei von jener gewöhnlichen Logik, die sich aufgrund der Erforschung der Makrokosmos-Phänomene ergeben hat.

Der Fall der Mikrophysik ist nicht der einzige seiner Art. Die Tendenz, großen wissenschaftlichen Entdeckungen das Image einer Umwälzung nicht nur in den Vorstellungen der Menschen von diesem oder jenem Bereich der Wirklichkeit zu verleihen (mit der Wirklichkeit allein kann man heute niemanden mehr verblüffen), sondern auch in der logischen Grundlage der Wissenschaft selbst – diese Tendenz ist eine der charakteristischen Züge des kulturellen Klimas, in welchem sich die moderne Wissenschaft entwickelt. Also ist die Analyse der Situation der Logik des Mikrokosmos zu einem gewissen Grad lehrreich.

Die logische Situation der Mikrophysik fällt aus folgenden Gründen aus der Norm: 1) gibt es hier Aussagen, die nicht überprüfbar sind (Aussagen über nicht zu beobachtende Objekte beispielsweise), die weder wahr noch falsch sind (da sie einer dritten Bedeutungskategorie angehören, nämlich »unbestimmt« zu sein); 2) gibt es hier Aussagepaare, die so verbunden sind, daß, wenn eine der beiden Aussagen wahr oder falsch ist (was zu überprüfen ist), die andere unbestimmt ist; das sind sogenannte Ergänzungsaussagen.

Aber die Tatsache der Dreiwertigkeit von Aussagen ist keine ausschließliche Besonderheit der Mikrophysik, und die Ideen der mehrwertigen Logik waren in der Logik schon vor der Entstehung der Quantenmechanik bekannt. Doch selbst wenn man Fällen von dreiwertigen Aussagen nur im Bereich der Mikrophysik begegnet, so ergäbe das noch keinen Anlaß für Zweifel an der Universalität der Gesetze der Logik. Dabei träte nur der Fall ein, daß die Situation der Mikrophysik lediglich die Ausarbeitung einer mehrwertigen Logik anregen würde (was jedoch tatsächlich nicht der Fall war). Die Regeln der dreiwertigen Logik sind aber ebenso universal wie die Regeln der zweiwertigen Logik – unabhängig davon, ob es überhaupt irgendwo Fälle für deren Anwendung gibt oder nicht.

Situationen jenes Typs, in welchem man sich nicht nur mit zwei, sondern mit drei Möglichkeiten konfrontiert sieht und wo die dritte Möglichkeit eine Verneinung der beiden anderen darstellt, ergeben sich nicht nur in der Sphäre komplizierter oder raffinierter Wissenschaft, sondern auch auf der Ebene des primitiven Alltags.

Aus der Antike ist folgendes Paradoxon bekannt: Ein Mann fragt einen anderen: »Hast du aufgehört, deinen Vater zu schlagen?« Nach der zweiwertigen Logik hätte der andere entweder »ja« oder »nein« antworten müssen. Sowohl die eine als auch die andere Antwort würde bedeuten, daß der Antwortende seinen Vater vorher schlug. Aber was tun, wenn er es vorher nicht getan hatte? Eine solche Situation hätte nicht nur die beiden Möglichkeiten »Ich habe aufgehört, meinen Vater zu schlagen« und »Ich habe nicht aufgehört, meinen Vater zu schlagen« zugelassen, sondern auch die dritte Möglichkeit »Ich habe meinen Vater (bisher) überhaupt nicht geschlagen«.

Analog dazu verhält es sich mit ergänzenden Aussagen. Derartige abhängige Aussagen kommen nicht nur in der Mikrophysik vor. Man begegnet ihnen buchstäblich auf Schritt und Tritt, und kein Mensch sieht etwas logisch Ungewöhnliches an ihnen. Stellen wir uns beispielsweise folgende Situation vor: Zwei militärische Befehlshaber schlagen verschiedene Pläne für die Aufstellung der Truppen vor, und jeder von ihnen beharrt darauf, daß der Gegner geschlagen würde, wenn die Truppen nach seinem Plan aufgestellt würden. Wenn nur der Plan des einen angenommen wird, so kann nur dessen Lagebeurteilung empirisch überprüft werden (und sich entweder als wahr oder als falsch erweisen). Die Ansicht des anderen kann jedoch nicht empirisch überprüft werden, da die Vergangenheit ja unwiederbringlich ist. Und jede Antwort auf die Frage, wozu die Annahme von dessen Plan geführt hätte, muß also im Bereich unverbindlicher Spekulationen bleiben.

Feuersbrunst und Logik

Die Idee Stalins, daß es nützlich sein könnte, Formallogik als Unterrichtsfach an den Lehranstalten einzuführen, wurde von seinen Vollzugsbeamten als Befehl verstanden. Und der Befehl wurde unverzüglich ausgeführt, wobei man durchaus übertrieb: Sogar die Feuerwehrleute bekamen Logikunterricht. Nach meiner Rückkehr aus der Armee wollte ich als Logiklehrer an der Geistlichen Akademie* Arbeit finden. Dieses Ansuchen wurde abgelehnt, da ich kein Parteimitglied war. Zufällig erfuhr ich, daß eine Stelle an der Feuerwehrakademie vakant sei. Ich fuhr sofort dorthin. Und hier stand man mir weit positiver gegenüber als in der Geistlichen Akademie: Obwohl ich kein Parteimitglied war, war ich doch immerhin Kriegsveteran und ehemaliger Offizier. Ob ich im Fach Logik ausgebildet war, interessierte niemanden. Zu jener Zeit besaßen in unserem Lande lediglich ein paar ehemalige Gymnasiallehrer aus der Zarenzeit, die überlebt hatten, eine solche Ausbildung; diese hatten aus der Logik nur noch folgenden Schluß im Kopf: »Alle Menschen sind sterblich. Sokrates ist ein Mensch. Also ist Sokrates sterblich.« Ich ging weiter als sie: Ich wußte darüber hinaus, daß Iwan ein Mensch ist, und daß auch er kraft der Regel des Schlusses sterblich ist.

* Die Geistliche Akademie als Institution zur Ausbildung von Geistlichen entspricht dem Priesterseminar in Westeuropa. (Anm. d. Übers.)

Nachdem der Leiter der Feuerwehrakademie den Auftrag zu meiner Anstellung und Lehrverpflichtung für Logik unterschrieben hatte, bat er mich, meine theoretischen Ausführungen an die beruflichen Besonderheiten der Feuerwehrleute anzupassen. Noch heute überläuft es mich kalt, wenn ich daran denke, wie ich an dieser Anpassung der Formallogik an die Interessen und Bedürfnisse dieser mit Feuer beziehungsweise Feuerlöschen befaßten Menschen arbeitete. Übrigens wollten die Feuerwehrmänner keineswegs mit dem Wort »Feuerwehrmänner« bezeichnet werden. Ich erinnere mich jetzt nicht mehr, wie sie sich eigentlich nannten. Irgend etwas wie »Arbeiter (oder Kämpfer) der Feuerlöschfront (oder der Feuerlöschverteidigung)«.

Ich verbrachte Tage und Nächte über Büchern, um wenigstens irgend etwas zu finden, das mit einem so originellen Anwendungsbereich für Logik, wie es Brände waren, zu tun hatte. Schließlich und endlich fand ich in Nachschlagewerken und Enzyklopädien etwas über die Klassifizierung von Bränden und all das, was damit verbunden ist, sowie die Definition der Begriffe. Den Rest mußte ich dazuerfinden.

Und so begann ich meinen Logikkurs zu halten, der ausgerichtet war auf die Besonderheiten der Prophylaktik und des Löschens von Bränden. Meine Kenntnisse und Erkenntnisse über die Brandbekämpfung entnahm ich, ohne diesem Umstand Bedeutung beizumessen, veralteten, vorrevolutionären Büchern, in welchen solche Begriffe vorkamen wie »Hopfenstange«, »Faß«, »Brandmeister« und so weiter. Meine Hörer notierten sorgfältig den himmelschreienden Unsinn, den ich ihnen darbot, wobei ich innerlich vor Scham verging. »Ein Brand«, diktierte ich, »ist das Brennen von Gegenständen, die nicht zum Verbrennen bestimmt sind. Eine Tür ist ein Loch in der Wand, das man in der einen Richtung Eingang und in der anderen Richtung Ausgang nennt. Wasser ist eine Flüssigkeit, die zum Löschen von Bränden bestimmt und sowohl in künstlichen als auch in natürlichen Wasserreservoirs zu finden ist, ebenso wie in einem für Flüssigkeiten bestimmten Versorgungssystem für Menschen und Tiere in Siedlungsgebieten; Wasser wird jedoch auch zum Gießen von Pflanzen . . .«

Lieber Gott, sage mir: Wenn Aristoteles gezwungen gewesen wäre, seinen Lebensunterhalt mit Logikunterricht an einer Feuerwehrakademie zu verdienen, wäre er dann als bedeutender Denker in die Geschichte eingegangen oder nicht?!

Der Frühling zog ins Land, der Schnee schmolz dahin, es grünten die Wiesen. Aus dem Süden kehrten die Zugvögel zurück. Und meine wissenschaftsmüden Feuerwehrmänner bereiteten sich auf die Logikprüfung vor. Wie Mondsüchtige wandelten sie durch die Gänge und Räume der Akademie und murmelten dabei meine Feuerschutzdefinitionen und -schlüsse in den Bart. »Wenn ein Bürger«, brummten sie mit stierem Blick vor sich hin, »Rauch bemerkt, der von einem Raum ausgeht, von dem er nicht ausgehen soll, so ist jener Bürger verpflichtet, unverzüglich über die Telefonnummer 01 den Feuerverhütungssicherheitsdienst anzurufen. Sokrates . . . verdammt, Entschuldigung!« . . . »Iwan bemerkte Rauch, der ausging von . . .« »Kein Rauch ohne Feuer«, ließ sich aus der Nachbartoilette vernehmen. – »Öl ins Feuer gießen«, flüsterte jemand in der Garderobe, »bedeutet . . .« – »Die amerikanischen Imperialisten entfachen den Brand des Weltkrieges«, kam es vom Nachbartisch des Buffets – » . . . Genosse Iwanow verbrannte bei der Verrichtung einer öffentlichen Arbeit«, formulierte laut ein grauhaariger Oberst. – »Der Leiter der Gemüseanlage ist durchgebrannt«, stimmte ein junger Major ein.

Mit einem Wort – es war ein Alptraum. Man betrachtete mich zumindest als ein Mitglied des ZK der KPdSU. Sogar der Chef der Sonderabteilung (das ist die Abteilung des KGB) grüßte mich, kaum daß er meiner ansichtig wurde, militärisch durch Anlegen der Hand an die imaginäre Mütze, die er nicht hatte – denn er trug als einziger Zivil.

Der Prüfungstag brach an. Es kamen Vertreter des Ministeriums für Inneres und des Bezirksparteikomitees. Um es kurz zu sagen – für das folgende Jahr wurde mir der Lehrauftrag nicht mehr erteilt. Doch konnte ich in diesem Jahr meine Qualifikation so sehr verbessern und meinen Ruf als sachkundiger Logiker so gut festigen, daß mir die physikalisch-technische Fakultät anbot, ihre Aspiranten im Fach Logik zu unterrichten.

Die Kausalität

Der Begriff der Ursache nimmt einen ganz wesentlichen Stellenwert innerhalb all dessen ein, was in bezug auf Phänomene des öffentlichen Lebens, die uns in dieser oder jener Form bewegen, gesprochen oder geschrieben wird: die Ursache für die sozialistische Revolution in Rußland, die Ursachen für die Stalinschen Repressalien, die Ursache für den Zweiten Weltkrieg, die Ursache für Sieg und Niederlage des Nationalsozialismus in Deutschland, die Ursachen für den Zerfall des Britischen Imperiums, die Ursachen für das Aufflammen und Verlöschen der Dissidentenbewegung in der Sowjetunion usw... Es gibt kaum ein Thema im Leben der Gesellschaft unserer Zeit, bei dessen Diskussion nicht auch die Fragen danach, warum denn diese oder jene Ereignisse passiert seien, aufkommen und dessen Diskussionsteilnehmer nicht versuchen würden, Erklärungen über die Ursachen dieser Ereignisse zu geben. Meistens ist das freilich alles nur leeres Geschwätz. Manchmal jedoch kommt dabei auch das ehrliche Interesse einzelner Menschen zum Ausdruck, die ursächlichen Zusammenhänge gesellschaftlicher Prozesse zu begreifen, um mögliche negative Phänomene durch Einwirkung auf deren Ursachen zu vermeiden. So hoffen beispielsweise viele, einen

Weltkrieg durch Beseitigen der Ursachen, die einen solchen hervorrufen könnten, zu vermeiden. Ausschließlich diesen Idealisten widme ich die folgenden Seiten über die Kausalität.

Zunächst einmal muß ich auf die Mehrdeutigkeit des Terminus »Ursache« hinweisen. Nicht nur Mehrdeutigkeit, sondern sogar Übermehrdeutigkeit. Manche Fachleute bringen es auf -zig verschiedene Bedeutungen dieses Begriffs. Allen diesen verschiedenen Auffassungen ist jedoch eines gemeinsam – das Feststellen der Abhängigkeit des Eintretens oder Nichteintretens der einen Ereignisse (oder Zustände) auf der Welt vom Eintreten oder Nichteintreten der anderen. Mit dem Begriff der Ursache (Ursache-Folgeverbindung überhaupt) ist ein großer Komplex verschiedenartiger Probleme verbunden. Ich möchte hier nur auf einen Bereich daraus näher eingehen, der die Begrenztheit der Sphäre der Begriffsanwendung der Ursache-Folgeverbindung und die Prinzipien der Ursächlichkeit (des Determinismus) betrifft.

Worin besteht die Ursache für die Niederlage Deutschlands im Krieg von 1941–1945 gegen die Sowjetunion? Das Ereignis (die Niederlage Deutschlands), dessen Ursache uns interessiert, wird durch eine Wortgruppe bezeichnet. Es wird rezipiert wie etwa das Ereignis eines Autozusammenstoßes. Es scheint, als könne man die Frage nach der Ursache des ersteren Ereignisses (der Niederlage im Krieg) ebenso einfach und kurz beantworten wie die Frage nach der Ursache des letzteren Ereignisses. So geschieht es in den meisten Fällen – man sucht eine Erklärung der Ursache in wenigen Sätzen.

Versuchen Sie doch zu analysieren, wie die meisten Leute auf Fragen nach den Ursachen der Oktoberrevolution in Rußland antworten, nach denen der Niederlage der Trotzkisten und Bucharin-Anhänger, der Stalinschen Repressalien, der Kollektivierung, der schwierigen Lage in der sowjetischen Landwirtschaft, der sowjetischen Intervention in Afghanistan, der dritten sowjetischen Emigration usw. – und Sie werden sehen, daß dabei das

Bestreben vorherrscht, das Problem durch ein paar Klischeesätze zu lösen. Dabei zeugt jedoch bereits der Versuch, eine ursächliche Erklärung für derartige Ereignisse zu finden, vom völligen Unverständnis für die logische Wesenheit der Dinge.

Nehmen wir beispielsweise ein Ereignis wie die Revolution in Rußland oder den Krieg von 1941–1945; Ereignisse solcher Art sind eine höchst komplizierte Verflechtung vieler Millionen verschiedener Ereignisse in Raum und Zeit. Alle diese Ereignisse sind in einen noch komplizierteren historischen Prozeß einbezogen. Wir greifen aus diesem Prozeß das heraus, was wir darin als Hauptereignis einstufen und das Milliarden Ereignisse zu einem Ganzen verbindet – Revolution, Krieg. Aber dieser Prozeß an sich läuft nicht auf das hinaus, was wir für seine Grundlage, für seinen Kernpunkt, Brennpunkt, für seinen Sinn halten.

All das, was das zu untersuchende Ereignis hervorgebracht hat, ist seinerseits wiederum die überaus komplizierte Verflechtung einer Unzahl von Ereignissen in Raum und Zeit. Und eben diese Ereignisse sind zusammen mit denen, die das Hauptereignis ausmachen, dessen Ursachen wir suchen, wiederum die Elemente eines noch komplizierteren historischen Prozesses, in welchem die von uns herausgegriffene Ursache-Folge-Beziehung nur einer der möglichen Aspekte ist.

Wenn man nun alles zusammen einer wissenschaftlichen Analyse unterzieht, so stellt sich folgendes heraus: Es gibt in dieser Vielzahl von Phänomenen eine sehr große Anzahl von Ursache-Folge-Reihen, die zueinander und zum beobachteten Ereignis (Revolution, Krieg usw.) in verschiedenartigen Beziehungen stehen. Viele dieser Reihen sind voneinander unabhängig. Viele von ihnen sind miteinander verknüpft. Viele fallen zufällig und nur in einer bestimmten Zeit zusammen. Viele reichen mit den Wurzeln in die Vergangenheit zurück oder nach außen. Viele sind bereits im Abklingen. Viele beginnen gerade erst. Die einen Reihen treffen zusammen, andere gehen auseinander. Mit einem Wort, jenes spezifische historische Zusammentreffen von Ursache-Folge-Reihen, in deren Rahmen das uns interessierende Ereignis abgelaufen ist, ist nicht selbst eine Ursache-Folge-Reihe, die etwa den Reihen entsprechen, die dieses Ereignis ausmachen. Daher ist es sinnlos, solche Ereignisse zu suchen oder deren ursächliche Erklärung. Wenn man dennoch in solchen Fällen von Ursachen spricht, so ist der Gebrauch des Wortes »Ursache« dabei unsinnig. Die Methoden zur Aufdeckung von Ursache-Folge-Beziehungen zu solchen Situationen sind im Grunde nicht anwendbar. Die Annahmen, die in solchen Fällen in der Terminologie der Kausalität formuliert werden, sind im Grunde nie überprüfbar oder verifizierbar. Deshalb kann sich in solchen Fällen jeder sein eigenes Konzept zurechtlegen. Deshalb sind hier immer verschiedene, mitunter auch einander ausschließende Erklärungen möglich. Und wenn eine der Auffassungen eine mehr oder weniger breite Anerkennung erfährt, so geschieht das nicht kraft ihrer logischen Beweisbarkeit oder empirischen Verifizierbarkeit, sondern aus ganz anderen Gründen.

Mein oben beschriebener Fall, in dem der Begriff der Ursache seinen Sinn verliert (»nicht funktioniert«), ist kein Ausnahmefall. Unzählige Fälle dieser Art konnte man in verschiedenen Zweigen der Wissenschaft entdecken, vor allem in der Physik. Daraus zog man den Schluß, daß es grundlose Phänomene gebe und das Prinzip des Determinismus veraltet sei. Beiderlei Schlüsse sind logisch unhaltbar. Aus solchen Situationen ist nur folgender Schluß logisch zulässig: Man muß jenes Prinzip, nach welchem jedes empirische Phänomen ursächlich bedingt ist (seine Ursachen hat), von jenem unterscheiden, nach welchem man für jedes empirische Phänomen die es bedingenden Ursachen finden kann. Letzteres Prinzip ist trügerisch, zumal empirische Phänomene bekannt sind, für die es unmöglich ist, eine ursächliche Erklärung zu geben, da der Begriff der Kausalität an sich determiniert ist und Bedingungen für seine Anwendung fehlen. Das gilt besonders für die Erklärung von Phänomenen des gesellschaftlichen Lebens, wo weder ein streng logischer Beweis noch Experimente möglich sind (wo man beispielsweise dieses Phänomen nicht unter anderen Bedingungen wiederholen kann). Was das erstere Prinzip betrifft, so läßt sich dieses auf zweierlei Arten interpretieren: entweder als Teil der Definition des Ausdrucks »empirisches Phänomen« (ursächliche Bedingtheit ist eines der Parameter eines empirischen Phänomens; wenn etwas keine Ursachen hat, so ist dieses »etwas« einfach kein empirisches Phänomen), oder als heuristische Annahme. Alle beiden Interpretationen sind logisch indifferent und gleichermaßen unverbindlich.

Die Verabsolutierung der Kausalität ist das philosophische Konzept des Determinismus. Nach dieser Konzeption kann man, wenn der Zustand eines gegebenen Bereichs der Welt (eines bestimmten Objektes) zu einer gegebenen Zeit in einem ausreichenden Grad an Genauigkeit oder Vollständigkeit bekannt ist, den Zustand dieses Bereichs der Welt (dieses Objektes) für die folgende Zeit mit demselben Genauigkeits- oder Vollständigkeitsgrad voraussagen. Der Grenzfall einer solchen Konzeption sieht so aus: Wenn der Zustand eines gegebenen Bereichs der Welt (eines gegebenen Objektes) zu einer gegebenen Zeit mit absoluter Genauigkeit und Vollständigkeit bekannt ist, so kann man auch ihren zukünftigen Zustand absolut genau und vollständig voraussagen. Oder: Wenn uns über den gegebenen Zustand eines Gegenstandes jetzt alles bekannt ist, so können wir auch alles über seine Zukunft wissen. Wenn man das auf die Welt insgesamt überträgt, sieht dieses Prinzip so aus: Wenn uns jetzt über die Welt alles bekannt ist, so können wir auch alles über ihre Zukunft wissen.

Der physikalische Determinismus stellt ein noch einengenderes Prinzip dar: Wenn Impulse und Bewegungsrichtungen physikalischer Körper zum gegenwärtigen Zeitpunkt bekannt sind, so kann man ihre Position auch für die folgende Zeit voraussehen.

Der so zu verstehende Determinismus ging mehr oder weniger klar von der Annahme der völligen Bedingtheit der Zukunft durch die Gegenwart aus – was einer der Möglichkeiten innerhalb der fatalistischen Auffassung von der Evolution der Welt entspricht. In der Wissenschaft und Philosophie des vergangenen Jahrhunderts wurde der Determinismus in all seinen Erscheinungsformen, besonders in jenen Extremen, wie sie hier angedeutet wurden, scharfer Kritik unterzogen. Und wie es im Fall von »Revolutionen« üblich zu sein pflegt, geschieht dies nicht immer gerecht und klug. So ist beispielsweise die Behauptung, die Zukunft sei zur Gänze durch die Gegenwart determiniert, an sich weder beweisbar noch widerlegbar. Ebenso verhält es sich mit dem Prinzip, nach welchem man die Zukunft genau voraussagen kann, wenn man die Gegenwart mit erschöpfender Vollständigkeit und Genauigkeit kennt. Hier handelt es sich lediglich um heuristische Prinzipien (theoretische Annahmen), deren Anwendungsbereich begrenzt ist.

Heuristische Annahmen können nicht empirisch bestätigt oder widerlegt werden. Ihre Funktion innerhalb der Erkenntnis besteht darin, eine Orientierung für die Untersuchung zu geben und vernünftige Abgrenzungen für diese festzulegen. So ist beispielsweise das Prinzip des Determinismus (in Form der Aussage »Jedes empirische Phänomen ist ursächlich bedingt«) auf die Suche nach den Ursachen von Phänomenen ausgerichtet. Wenn sie gelingt – und das kommt oft vor –, so kann der Mensch im Wissen um die Ursachen der Phänomene diese auch beeinflussen (sie nach seiner Willkür hervorrufen, ihre Eigenschaften verändern u. ä.) oder sie vermeiden. Es gibt keine logischen Kriterien für die Bevorzugung heuristischer Annahmen an sich anderen gegenüber. Aus logischer Sicht ist nur eines wichtig: Sie müssen so konstruiert sein, daß sich ihretwegen keine logischen Widersprüche ergeben. Ihre Anerkennung hängt von den Besonderheiten der Erkenntnisbedingungen ab. Zugleich begünstigt deren Annahme als Voraussetzungen für eine Untersuchung deren Erfolg. Wenn Sie beispielsweise eine mehr oder weniger genaue

Einschätzung der reformerischen Tätigkeit der Sowjetführung erhalten wollen, müssen Sie von Anfang an das Prinzip der Trägheit der Bewegung großer Menschenmassen berücksichtigen sowie das Prinzip des Abklingens von »Empörungen« und andere. Obwohl heuristische Annahmen in allgemeiner Form nicht beweisbar und nicht widerlegbar sind, sind in ihnen – wenn auch undeutlich – Orientierungshilfen enthalten, durch die man – folgt man ihnen – in jedem einzelnen Fall Bestätigungen ihrer Richtigkeit finden kann, was auch ihren Erkenntniswert bestätigt. Nehmen wir beispielsweise folgende heuristische Annahmen: Jeder Fortschritt gebiert Folgen, die eben diesen Fortschritt einschränken und schließlich zum Stillstand bringen. Betrachten Sie von dieser Seite alle Ihnen bekannten Fälle von Fortschritt in bezug auf irgendwelche gesellschaftlichen Phänomene und versuchen Sie, darunter Ausnahmen zu finden. Ich glaube, das wird Ihnen nicht gelingen.

Heuristische Annahmen sind in ihrer Anwendungssphäre begrenzt. Kehren wir nochmals zu den Kausalitätsprinzipien zurück. Bereits aus der Definition der Wechselbeziehung zwischen Ursache und Folge geht logisch hervor, daß zwischen gleichzeitigen Ereignissen keine Ursache-Folge-Verbindung bestehen kann. Es kann ja auch keine Verbindung dieser Art zwischen Ereignissen bestehen, die räumlich sehr weit voneinander stattfinden, zumal die Geschwindigkeit der Verbreitung von Wirkungen der einen Phänomene auf die anderen endlich ist oder diese Wirkungen allmählich abklingen, bevor sie noch ihre Bestimmungsorte erreicht haben, wenn diese von der Quelle der ausgehenden Wirkungen ausreichend weit entfernt sind. Doch selbst innerhalb ein und desselben räumlichen Bereiches und desselben Zeitraums existieren verschiedene Seinssphären nebeneinander, zwischen denen keinerlei Ursache-Folge-Verbindung besteht. Es gibt hier Verbindungen anderer Art, beispielsweise strukturelle und funktionale. Doch keine ursächlichen. So hat zum Beispiel die Tatsache des Zerfallens größerer menschlicher Gruppen in kleinere und die Unterteilung der Menschen in Vorgesetzte und Untergebene nichts mit den Verschiebungen und Anordnungen der Atome und Moleküle im menschlichen Körper zu tun.

Determinismus und Prognosen

Ist nun die Zukunft durch die Gegenwart determiniert oder nicht? Die Antwort auf diese Frage hängt vom logischen Zustand unserer Sprache ab, denn schon die Frage an sich ist mit Hilfe der Termini »Gegenwart«, »Zukunft« und »determiniert« formuliert.

Den Ausdruck »determiniert« kann man so auffassen: Die Ursachen der Zukunft liegen in der Gegenwart. In diesem Fall ist die Antwort kraft der Definition des Begriffs »Ursache« positiv. Doch diesen Ausdruck kann man auch anders interpretieren – nämlich so: Die Gegenwart ist gleichbedeutend mit der Zukunft und bestimmt (bedingt) diese. Im ersten Fall gehen wir von den Folgen aus und müssen freilich anerkennen, daß diese Folgen ihre Ursachen im vorangegangenen Zustand der Dinge haben. Im letzteren Fall jedoch gehen wir von den Ursachen aus und behaupten etwas über die Folgen – und zwar, daß diese Folgen in den gegebenen Ursachen bereits vorgegeben sind und eindeutig vorausgesagt werden können. In diesem Fall jedoch kann man die Frage nicht positiv beantworten, da die Antwort davon abhängt, von welchen Phänomenen die Rede ist und wie wir das verstehen, was wir »Gegenwart« und »Zukunft« nennen.

Untersuchen wir das folgende, zutiefst banale Problem. Das jetzige Haupt der sowjetischen Führung wird bald sterben. Jeder von Ihnen ist imstande, eine so banale Prognose zu stellen. Wodurch wird dieses Ereignis bedingt sein? Er wird aus Altersgründen sterben. Die Ärzte werden wahrscheinlich irgendeine Krankheit als unmittelbare Todesursache nennen, doch sicherlich nicht den derzeitigen Zustand der sowjetischen Gesellschaft. Anstelle des verstorbenen sowjetischen »Führers« wird ein neuer gewählt werden. Auch diese Voraussage kann jeder von Ihnen machen. Worauf wird sich jedoch Ihre Überzeugung gründen? Auf die Kenntnis der Struktur des sowjetischen Machtsystems. Sie wissen, daß entsprechend der Struktur dieses Systems jemand die Figur Nummer eins werden muß. Doch die Machtstruktur ist keine Ursache für die Auswahl eines Menschen für den Posten des Generalsekretärs des ZK der KPdSU. Hier haben wir es mit etwas ganz anderem zu tun.

Der neue sowjetische Führer wird ferner beginnen, sich seinen persönlichen Machtapparat zu schaffen; er wird allmählich die Beförderung seiner Leute auf wichtige Posten durchsetzen. Auch eine solche Voraussage zu machen, sind viele tausend Menschen imstande. Doch worauf wird diese Voraussage gegründet sein? Bei den einen auf das Verständnis für den inneren Mechanismus der Machterhaltung und des Funktionierens des gesamten Machtsystems. Bei den anderen einfach auf die Basis der Verallgemeinerung: Bis jetzt geschah es immer so. Bei den dritten auf die Basis eines gewissen gesunden Menschenverstandes: Wie sollte es auch anders sein! Und wiederum haben Prinzipien des Determinismus damit gar nichts zu tun.

In den oben untersuchten Fällen sind die Grundlagen für unsere Voraussagen verschiedenartig, doch es gibt sie so oder so, und sie sind uns bekannt oder können uns prinzipiell im voraus bekannt sein. Doch es kommen auch Fälle vor, in denen es solche Grundlagen nicht gibt und nicht einmal geben kann. Nehmen wir als Beispiel folgende Fragen: Wer wird in seiner Person der Nachfolger des verstorbenen Führers, wenn dieses Ereignis konkret eintritt (Tod des alten und Wahl des neuen Führers), welche Umstellungen in der Führung werden konkret stattfinden?

Lassen wir dabei die Frage beiseite, wie wichtig die Möglichkeit derartiger Prognosen ist. Für die einen mag das wichtig sein, für die anderen nicht – das Wesen des Problems hängt, logisch betrachtet, nicht von dieser praktischen Wichtigkeit ab. Denken wir lieber über die Frage nach, ob in der Gegenwart bereits fixiert ist, daß und wann genau der sowjetische Führer sterben wird, daß ihn genau dieser oder jener Mann ersetzen wird, daß in der Führung genau diese oder jene Veränderungen stattfinden werden. In allgemeiner Form ist diese Frage nicht zu lösen. Um sie beantworten zu können, muß man zunächst eine Vereinbarung darüber treffen, was für uns als Gegenwart gilt, wo wir die Grenze zwischen Gegenwart und Zukunft ziehen wollen. Wenn man die Gegenwart so nahe an die Zukunft grenzen läßt, weil sie im Augenblick des Eintretens der uns interessierenden Ereignisse endet, so wird die Antwort auf die Frage freilich bestätigend ausfallen. Ein solches Angehen des Problems ist jedoch nur a posteriori möglich oder dann, wenn die Unausweichlichkeit der Ereignisse auf der Hand liegt. Doch verlegt man die Grenze der Gegenwart um wenigstens einige Jahre zurück, so wird sich jede Antwort als nicht überprüfbar erweisen; uns bleibt dann nur noch, mehr oder weniger wahrscheinliche Hypothesen aufzustellen. Mehr noch – hier entstehen in vielen Fällen Situationen, in denen die konkreten Eigenschaften künftiger Ereignisse grundsätzlich nicht mit wissenschaftlicher Genauigkeit und Überzeugungskraft voraussagbar sind. Das ist insbesondere dann der Fall, wenn die realen Grundlagen für die Ereignisse, die wir einer bestimmten Zeit in der Zukunft zuschreiben, in einem Zeitraum entstehen, der einen Übergang von der gegebenen Gegenwart zur erstellten Zukunft bildet, oder auch wenn diese Grundlagen in den uns interessierenden Strom von Ereignissen gleichsam von außen her einmünden, aus Quellen, die jenseits der Grenzen der Anwendbarkeit der Kausalitätsbegriffe liegen.

Der Übergangszustand

Die Veränderung eines Gegenstandes ist der Übergang von einem Zustand in den anderen (Verlust der einen Eigenschaften und Erlangung anderer, quantitatives Wachstum oder Verringerung, Wechsel der Positionen von Teilen, Wechsel der Stellung im Raum usw.). Zu den Veränderungen gehören ebenso Phänomene der Entstehung und des Vergehens (oder der Zerstörung) von Gegenständen. Hier ist zu unterscheiden zwischen dem Zustand des gegebenen Bereiches der Welt, in dem der Gegenstand noch nicht vorhanden war (oder im Falle des Verschwindens nicht mehr vorhanden war), und dem Zustand, in dem der gegebene Gegenstand in Erscheinung trat (oder im Falle des Verschwindens noch nicht vorhanden war). Dabei findet der eine Zustand zu der einen Zeit statt, der andere zu einer anderen, die auf diese folgt.

Bei empirisch faßbaren Gegenständen findet zwischen den beiden Zuständen noch ein dritter statt – der Übergangszustand. Dieser Zustand läßt sich dadurch charakterisieren, daß man zu dieser Zeit nicht feststellen kann, ob der Gegenstand (schon oder noch) existiert oder nicht, ob er eine bestimmte Eigenschaft besitzt oder nicht, ob er sich an einer gegebenen Stelle befindet oder nicht usw. Auf diese Weise hat man es im Falle von Veränderungen nicht mit zwei Zuständen zu tun, sondern mit drei – mit zwei bestimmten (oder statischen) und einem unbestimmten, dem Übergangszustand. Dieser Tatsache entsprangen unter anderen die Ideen der nichtklassischen (mehrwertigen) Logik.

Es ist im höchsten Maße wichtig, in den Überlegungen über gesellschaftliche Ereignisse und Prozesse die Besonderheiten von Übergangszuständen zu berücksichtigen. Nicht alle Behauptungen, die in bezug auf statische Zustände berechtigt sind, sind es auch in bezug auf Übergangszustände. So haben beispielsweise viele Behauptungen in bezug auf die sowjetische Gesellschaft, die während der Breschnew-Ära zutreffend waren, hinsichtlich der Stalinzeit keinen Sinn. Es ist beispielsweise unsinnig, von einer Verletzung gewisser Normen des sowjetischen Lebens in der Stalinepoche zu sprechen, wenn sich diese Normen noch nicht gebildet hatten, wenn sie erst im Entstehen begriffen waren.

Das Paradoxon der Veränderung

Meistens wird die Frage »Kann sich ein physikalischer Körper zur selben Zeit an einer gegebenen Stelle befinden und nicht befinden« negativ beantwortet. Und meistens verdienen die Motive für eine negative Antwort Kritik.

Ein physikalischer Körper kann sich nicht zur selben Zeit an einem gegebenen Platz befinden und nicht befinden, weil die Welt so ist, antworten viele auf die oben gestellte Frage. Tatsächlich: In unserer Erfahrung kommen keine Fälle vor, die einer solchen Antwort widersprechen würden. Und werden auch niemals vorkommen. Doch die Ursache dafür unterscheidet sich prinzipiell von den Ursachen dessen, daß es keine Pferde mit zehn Hörnern gibt oder Hasen mit Pferdehufen. Die Ursache dafür besteht darin, daß wir die Zeichen »und« und »nicht« verwenden. Und keine andere Weisheit verbirgt sich dahinter.

Logisch ist die Frage nach den Paradoxa allgemein trivial: Wenn aus einer Anzahl von Aussagen (Prämissen) ein logischer Widerspruch folgt, so ist zumindest eine der Prämissen nicht wahr. Die Aufgabe besteht darin, zu klären, welche Prämissen schuld an diesem Widerspruch sind. Woher kommt die Behauptung »Ein sich bewegender Körper befindet sich und befindet sich zugleich nicht an einem gegebenen Ort«?

Ist sie das Ergebnis einer Beobachtung oder eines Experiments? Nichts dergleichen. Etwas logisch Unmögliches ist auch praktisch unmöglich. Das heißt, es ist entweder ein Postulat (Axiom) oder eine Folgerung aus anderen Behauptungen. Wenn es ein Postulat ist, so muß es verworfen werden, denn aus ihm folgt ja ein logischer Widerspruch (es selbst). Wenn es aber eine Folgerung aus anderen Behauptungen ist, so muß man das aufzeigen.

In dem zu prüfenden Fall ist ein Übergangszustand gemeint – der Vorgang der Versetzung eines Körpers von einer Stelle des Raums an eine andere. In bezug auf diesen Zustand ist es unrichtig, zu behaupten, der Körper befinde sich an einer gegebenen Stelle (an der, die er verläßt), wie es auch unrichtig ist, zu behaupten, er befinde sich nicht an dieser Stelle. Aus der Sicht der klassischen (zweiwertigen) Logik, die Übergangszustände ignoriert, ist die Behauptung »Es ist unrichtig, daß sich der Körper nicht an der gegebenen Stelle befindet« äquivalent zur Behauptung »Der Körper befindet sich an der gegebenen Stelle« (gemäß der Regel – doppelte Verneinung entspricht einer Bejahung). Auf diese Weise ergibt sich, daß folgende Behauptung gleichsam wahr ist: »Ein sich bewegender Körper befindet sich und befindet sich zugleich nicht an einer gegebenen Stelle.« Tatsächlich kann die Behauptung »Es ist unrichtig, daß sich der Körper nicht an der gegebenen Stelle befindet« nicht nur angeben, daß er sich an der gegebenen Stelle befindet, sondern auch die Tatsache der Unbstimmtheit, das heißt einen dritten Zustand. Wenn man diesen Zustand berücksichtigt, so kann man die logisch widersprüchliche Behauptung, daß sich ein bewegter Körper an einer gegebenen Stelle sowohl befindet als auch gleichzeitig nicht befindet, weder aus Beobachtungen erhalten noch über einen Beweis. Sie erweist sich lediglich als Widerspruch, das heißt als falsch in der Art und Weise, wie sie konstruiert ist.

Unser Ziel ist der Kommunismus

In Moskau mußte ich viele Vorträge halten. Das war meine sogenannte »gesellschaftliche Aufgabe«. Einmal sollte ich in der Artillerieschule sprechen. Als ich auf das Stabsgebäude zuging, erblickte ich folgende Parole über dem Eingang: »Unser Ziel ist der Kommunismus.« Ich traute meinen Augen nicht und bat den Offizier, der mich begleitete, mir diese Parole vorzulesen. Er erfüllte mir meine Bitte auf der Stelle, wohl weil er glaubte, ich wäre kurzsichtig. »Aber Ihre Schule ist doch eine Artillerieschule, nicht wahr?« fragte ich. Und mein Begleiter verstand plötzlich die Zweideutigkeit der Parole »Unser Ziel ist der Kommunismus«. Er erbleichte und stürzte in das Stabsgebäude. Nach dem Vortrag stellte ich fest, daß die Parole verschwunden war.

Unbestimmtheitsfaktoren bei gesellschaftlichen Prozessen

Unbestimmtheiten in den Beurteilungen von Übergangszuständen entstehen nicht nur aufgrund der Schwierigkeit oder sogar Unmöglichkeit, jene Zustände der Dinge aufzudecken und genau zu fixieren, von denen sich sagen läßt, daß sie einer Veränderung unterworfen waren oder sind, sondern auch durch die Kompliziertheit der Übergangszustände an sich. So war beispielsweise der Prozeß der »Entstalinisierung« des Landes in der Sowjetunion keine kurzfristige Maßnahme der Regierung Chruschtschow. Dieser Prozeß setzte schon lange vor Stalins Tod ein, zog sich über viele Jahre hin, fand in allen Lebensbereichen der Gesellschaft und in allen Teilen des Landes statt. Wenn wir genau definieren, was Stalinismus als spezifisches Phänomen in der sowjetischen Geschichte und im sowjetischen Leben überhaupt ist im Unterschied zu jenem Zustand der sowjetischen Gesellschaft, der für diese infolge der Entstalinisierung zur Norm wurde, so sind wir mit Schwierigkeiten bei der Anwendung der Annahmen konfrontiert, die unbedingt in bezug auf die klassischstalinistische Periode und meinetwegen auch auf die Breschnew-Ära gelten und sogar in bezug auf die Jahre unmittelbar vor und nach Stalins Tod. Viele Phänomene des Stalinismus büßten ihre Kraft in vielen Institutionen, Lebensbereichen und Gebieten des Landes noch vor Stalins Tod ein, viele hingegen existierten sogar noch nach Chruschtschows Rede* weiter.

Daher entbrannten in jenen Jahren immer wieder aussichtslose Diskussionen, zum Beispiel darüber, ob der Stalinismus (»Fehler der Ära des Personenkults«) überwunden sei oder nicht.

Die Unbestimmtheiten, die bei der Betrachtung von Übergangszuständen auftreten, können auf verschiedene Weise bewältigt werden. Im einzelnen kann beispielsweise einfach darauf hingewiesen werden, daß die Situation vorläufig unbestimmt (kompliziert) ist, oder daß es vorläufig keine Grundlagen für kategorische Annahmen gibt. Es können jedoch ebenso quantitative Kriterien eingeführt werden (die durch die Worte »in den meisten Fällen«, »aller Wahrscheinlichkeit nach«, »am ehesten«, »es besteht eine starke Tendenz zu . . .« usw. festgehalten werden). Manchmal einigt man sich einfach nur darauf, einen gegebenen Übergang von einem Zustand in den anderen als vollzogen anzunehmen. Eine solche Funktion erfüllen in der Sowjetunion interessanterweise mitunter die Beschlüsse der Machtorgane (zum Beispiel die Parteitagsbeschlüsse der KPdSU).

* Anspielung auf Chruschtschows berühmte Geheimrede im Februar 1956, in der die Politik Stalins verurteilt und damit die sogenannte Entstalinisierungsära in der UdSSR symbolisch eingeleitet wurde (Anm. d. Übers.)

Das Paradoxon des Ausländers

Stellen wir uns ein Land vor, in welchem folgendes Gesetz verabschiedet wird: Jeder Ausländer, der in dieses Land kommt, muß eine Aussage machen; wenn diese Aussage falsch ist, so muß der Ausländer hingerichtet werden. Ein Ausländer formuliert bei seiner Ankunft in diesem Land die Aussage »Sie werden mich hinrichten«. Was sollen nun die Bewohner dieses Landes mit ihm tun? Wenn sie den Ausländer nicht hinrichten, so bedeutet das, daß seine Aussage falsch war – aber für eine Lüge müßte man ihn doch hinrichten. Wenn sie ihn aber hinrichten, so war seine Aussage richtig, und dafür sollte man ihn nicht hinrichten. Eine solche Situation scheint ausweglos zu sein.

Analog ist das Ergebnis, wenn man das Paradoxon äußerlich verändert: Ein Ausländer soll bei seiner Ankunft in einem Land eine Aussage machen. Wenn diese Aussage wahr ist, ist der Ausländer aufzuhängen. Wenn diese Aussage aber falsch ist, so ist er zu ertränken. Wie man sieht, sind die Aussichten nicht besonders erfreulich. Und doch gibt es eine Chance, sich zu retten. Dazu muß der Ausländer folgende Aussage formulieren: »Sie werden mich ertränken.« Wenn diese Aussage wahr ist, so ist der Ausländer aufzuhängen. Doch dann wird diese Aussage falsch sein, und der Ausländer wäre zu ertränken. Doch dann wird die Aussage wiederum wahr sein usw. Das Problem scheint unlösbar.

Wo liegt die Ursache für solche Paradoxa und wie kann man ihnen entgehen?

Die Unbestimmtheit von Voraussagen

Bei Voraussagen ist die Zeit, zu der sie gemacht werden (die Gegenwart), von jener Zeit zu unterscheiden, auf die sie sich beziehen (die Zukunft). Wenn man sagt, daß jemand, der ein Ereignis oder eine Situation der Dinge für die Zukunft vorausgesagt hat, seinerzeit (zur Zeit der Voraussage) recht hatte, so begeht man einen logischen Fehler. Die Bedeutung der Wahrheit einer Voraussage (das heißt, ob diese wahr ist oder nicht) muß für jenen Zeitpunkt, zu dem sie ausgesprochen wurde, mit jenen Mitteln festgelegt sein, welche dem Ausagenden zur Zeit der Aussage zur Verfügung stehen. Von der Zeit, auf die sich die Aussage bezieht (das heißt von der Zukunft), läßt sich legitim nur sagen, daß derjenige, der die Voraussage aussprach, recht hatte oder nicht – mit anderen Worten, daß sich seine Aussage erfüllte oder nicht. In vielen Fällen wird man auch unmöglich feststellen können, ob die Voraussagen zum Zeitpunkt ihrer Formulierung wahr sind oder nicht; sie sind unbestimmt (weder wahr noch falsch). Das gilt beispielsweise für die oben angeführten Aussagen der Ausländer. Das gilt auch für unzählige Prognosen moderner Sozialdenker, Schriftsteller und Politiker in bezug auf die Zukunft der Sowjetunion, des Westens und der gesamten Menschheit.

In den oben erwähnten Paradoxa ist die Bedeutung der Wahrheit von Aussagen in ein Abhängigkeitsverhältnis zu den Handlungen der Menschen in der Zukunft gesetzt. Und deshalb ist es in dem Augenblick, in dem die Prognosen gestellt werden, prinzipiell unmöglich, zu bestimmen, ob sie wahr oder falsch sind. Für solche Fälle, in denen nicht festgestellt werden kann, ob eine Aussage wahr oder falsch ist, wird in der modernen Logik die besondere Bedeutung des Wahrheitsbegriffes »unbestimmt« eingeführt. Und die Bewohner unseres hypothetisch angenommenen Landes müssen diese Tatsache in ihrer Gesetzgebung berücksichtigen: Sie müssen ein besonderes Gesetz für jene Fälle verabschieden, in denen Ausländer unbestimmte Aussagen machen. So müßten sie beispielsweise Ausländer für wahre Aussagen aufhängen, für falsche jedoch ertränken, für unbestimmte – bei lebendigem Leib verbrennen.

Das Problem der Überprüfung (Bestätigung oder Widerlegung) von Aussagen über die Zukunft war stets eine der Quellen für Kritik an der zweiwertigen Logik und den Ideen der mehrwertigen Logik. Abgesehen von den Paradoxa, bei denen die Unbestimmtheit der Prognosen darauf zurückzuführen ist, daß die Bedeutung des Wahrheitsgehaltes zu dem Zeitpunkt, an dem sie gestellt werden, davon abhängt, ob sie sich in der Zukunft erfüllen oder nicht, entstehen noch andere Paradoxa von Prognosen, deren Unbestimmtheit daraus resultiert, daß die vorauszusagenden Ereignisse und Zustände davon abhängen, wer die Prognosen ausspricht und wer sie hört.

Zum Beispiel: Wir sagen ein bestimmtes Ereignis voraus, doch jemand (oder wir selbst) ergreift Maßnahmen, um dieses nicht stattfinden zu lassen. Wie wird nun unsere Voraussage aussehen? Wenn sie wahr ist, so wird das vorausgesagte Ereignis eintreten, was auch immer wir dagegen unternehmen. Wenn wir es jedoch abwenden, so wird es nicht geschehen, und unsere Voraussage wird nicht wahr sein. Erschwerende Umstände dieser Art treten gewöhnlich in jenen Fällen auf, in denen der zukünftige Zustand der Welt vom Willen, von den Wünschen und vom Wirken der Menschen abhängt. So erklärt beispielsweise einer von zwei potentiellen Gegnern in einem künftigen Krieg aufgrund sorgfältiger Untersuchungen, der jeweils andere habe vor, ihn zu einer bestimmten Zeit in naher Zukunft anzugreifen. Um einer Niederlage auszuweichen, beschließt er, selbst als erster seinen Feind anzugreifen. Wer von den beiden ist nun der Angreifer? Für solche Fälle stellt sich das allgemeine logische Problem: Was kann vorausgesagt werden und was ist prinzipiell nicht voraussagbar?

Rückblickende Aussagen

Während Voraussagen (Prognosen) sich auf Zukünftiges beziehen, sind rückblickende Aussagen Äußerungen darüber, wie Vergangenes hätte sein können, wenn irgendwelche Ereignisse in der Vergangenheit noch früher geschehen oder nicht geschehen wären. So behaupten beispielsweise ein paar kluge Leute, daß in Rußland – wäre es im Jahre 1917 im Stadium der Februarrevolution stehengeblieben – heute ein demokratisches System desselben Typs wie im Westen herrschte. Hätte Napoleon die russischen Bauern von der Leibeigenschaft befreit, behaupten wiederum andere Denker, so hätte er den Krieg gegen Rußland gewonnen. Hätte Hitler die Russen und Ukrainer nicht als »niedere Rasse« behandelt, meinen dritte, so hätte er die Sowjetunion rasch geschlagen. Hätte Stalin vor dem Krieg nicht die führenden Armeekader vernichtet, behaupten vierte, so wären die Verluste zu Kriegsbeginn nicht so gewaltig ausgefallen. Mit einem Wort, wenn in der Vergangenheit etwas nicht so, sondern anders vor sich gegangen wäre, so wäre die Geschichte einen anderen Weg gegangen.

Wie legitim sind solche rückblickende Aussagen? Wie weit können sie bestätigt oder widerlegt werden? Wie groß ist ihr praktischer Nutzen? In den meisten Fällen kann man sie weder bestätigen noch widerlegen, und der praktische Wert (auch der theoretische) ist gleich Null. In den meisten Fällen ist es nur leeres und verantwortungsloses Geschwätz. Natürlich gibt es Fälle, in denen die gesetzmäßige Verbindung zwischen Ereignissen oder das Fehlen einer solchen Verbindung offensichtlich ist. Wenn beispielsweise jemand sagt, hätte er vor Einbruch des Winters ein Streichholz angezündet, dann wäre der Winter nicht angebrochen, so können wir ohne Zögern eine solche Erklärung als unsinnig widerlegen: Wir wissen, daß ein brennendes Zündholz keinen anbrechenden Winter aufhalten kann. Solche

Fälle gibt es auch in bezug auf gesellschaftliche Phänomene, diese kalkuliert man jedoch selten ein. Wenn Sie zum Beispiel Menschen, die davon träumen, die vergangene Geschichte Rußlands noch einmal durchzuspielen, erklären, all das, was ihrer Meinung nach die sozialistische Revolution in Rußland hätte abwenden können, sei eben diesem angezündeten Streichholz vergleichbar, mit dessen Hilfe jemand versuchte, den Anbruch des Winters aufzuhalten, so werden diese Menschen selbstverständlich nicht Ihrer Meinung sein.

In den meisten Fällen kann man rückblickende Aussagen aus folgendem Grund weder bestätigen noch widerlegen: Um sie zu überprüfen, muß man einen historischen Prozeß wiederholen und dabei jene Veränderungen in ihn einbringen, die in den Bedingungen rückblickender Aussagen angezeigt sind: Also zum Beispiel die ganze Welt oder zumindest unseren Planeten in jenen Zustand zurückversetzen, der vor den Stalinschen Repressalien herrschte, eine Kommandogruppe der Armee auf ihrem Posten belassen und sodann die Geschichte mit dieser Korrektur wiederholen. Die Geschichte der Menschheit ist ein individueller Prozeß. Und ein Rückfall in die Vergangenheit ist ausgeschlossen. Also sind auch Experimente dieser Art ausgeschlossen. Und so bleiben solche rückblickenden Aussagen auf ewige Zeiten unbestimmt. Die Menschheit wird also nie erfahren, was in der Welt geschehen wäre, wenn Lenin noch weitere zwanzig Jahre gelebt hätte, wenn Stalin nach Lenins Rat von der Macht entfernt worden wäre, wenn Kirow nicht ermordet worden wäre, wenn Andropow nicht so früh gestorben wäre.

Und doch gibt es im historischen Prozeß objektive Gesetzmäßigkeiten, deren Kenntnis zumindest in bezug auf einige Phänomene erlaubt, kategorische Annahmen auch für Fälle von rückblickenden Aussagen zu treffen. So wissen wir, daß Korruption in der sowjetischen Gesellschaft ein Phänomen ist, daß zwangsläufig durch die Arbeitsbedingungen von Millionen Menschen entsteht, und so haben wir ausreichend ernstzunehmende

Grundlagen, die folgende rückblickende Aussage als wahr anzuerkennen: Wenn Andropow nicht gestorben wäre, wäre es ihm
dennoch nicht gelungen, die Korruption in der sowjetischen Gesellschaft auszumerzen.

In Science-fiction-Filmen und -Büchern bringen die Menschen irgendwie zeitliche Verschiebungen in Vergangenheit und
Zukunft zustande, obwohl das, rein logisch betrachtet, absoluter
Unsinn ist. Aber solche logischen Absurditäten überlassen wir
dem Gewissen der Autoren, die sich anstrengen, mit den neuesten »Errungenschaften« der Wissenschaft Schritt zu halten. Beobachten Sie nur, wie sich die Reisenden in der Vergangenheit
benehmen: Sie versuchen nichts an ihr zu verändern, denn ihrer
Meinung nach könnte sogar die lächerlichste Änderung der Vergangenheit den gesamten Verlauf der Geschichte ändern. Im
übrigen könnte eine solche Veränderung so aussehen, daß kein
Fortschritt in Wissenschaft und Technik gegeben wäre und die
Menschen nicht lernten, in die Vergangenheit zu »fliegen«.
Dann könnten sie auch nicht den Lauf der Geschichte stören.
Dann . . . Aber lassen wir diese klugen Köpfe sich selbst aus den
Fängen solcher logischen Netze befreien. Für uns ist jetzt etwas
anderes wichtig – und zwar folgendes: Millionen Menschen vollziehen Milliarden ernsterer Handlungen als das Zertreten einer
Blume oder die Vernichtung eines Insekts. Doch all das ist nicht
imstande, irgendwelche objektiven Tendenzen der Geschichte zu
verändern oder gar die Richtung der Evolution der Menschheit.
Die Vernichtung von -zig Millionen Menschen vermag das zah-
lenmäßige Anwachsen der Menschheit nicht aufzuhalten. Und
trotz alledem wurde das Bevölkerungswachstum zu einer der
schrecklichsten Gefahren für das Schicksal der Menschheit. Wie
viele sowjetische Spione man im Westen auch gefaßt haben mag,
es gelingt doch nicht, der sowjetischen Agententätigkeit Einhalt
zu gebieten. Beispiele dieser Art gibt es ohne Zahl, aber unsere
hochintelligenten, klugen Köpfe, die mit der Vergangenheit spielen, fürchten, dort Ameisen zu zertreten.

Die Entstehung des Menschen

Ein Professor referierte in pathetischem Ton seinen vor Lange-weile schier umkommenden Studenten den Inhalt eines der frü-hen Aufsätze Stalins, in welchem der halbstudierte Seminarist und künftige Genius aller Zeiten und Völker die Entstehung des Menschen aus der Sicht des Marxismus darlegte. »Gemäß dem Marxismus«, schrieb Stalin, und brüllte nun der Lektor ins Au-ditorium, »waren unsere Vorfahren Affen. Sie lebten auf den Bäumen. Später stiegen sie auf die Erde herab, und ihr Gesichts-kreis erweiterte sich.« – »Aber von Bäumen aus kann man doch mehr sehen!« rief einer aus dem Hörsaal. Der Professor war völlig überrascht. Er war jedoch ein alter Marxist-Leninist, des-sen Sprache an dialektischen Verrenkungen Halt fand. »Als die Affen auf den Bäumen saßen«, rief er frohlockend (immerhin wand er sich aus der Klemme!), »blickten sie hinunter. Als sie aber auf der Erde waren, begannen sie hinaufzuschauen. Klar?« – »Aber wozu mußten sie hinaufschauen?« fragte ein naives Mädchen, das den marxistischen Quatsch ganz ernst nahm. »Sie dachten mit Wehmut daran zurück, wie sie früher auf den Zwei-gen in Sicherheit saßen«, warf der Nachbar von links ein. ». . . Aber das allein ist es ja nicht«, entwickelte der Lektor den unterbrochenen genialen Gedanken weiter, »als die Affen auf die Erde heruntergeklettert waren, wurden ihre vorderen Gliedma-ßen für werktätige Arbeit frei . . .«

In solchem Geiste also begannen wir, die Höhen marxisti-schen Gedankenguts zu erklimmen. Als der wenig redegewandte Professor in seiner Vorlesung über den historischen Materialis-mus die Produktionsverhältnisse als Verhältnisse zwischen Men-schen während der Produktion definierte, war mir endgültig klar, daß ich auf dem Gebiet des Marxismus kaum ein geeignetes Betätigungsfeld finden würde.

Volk und Macht

Laut sowjetischer Ideologie besitzt die sowjetische Bevölkerung folgende Sozialstruktur: Es gibt zwei befreundete Klassen – die der Arbeiter und die der Bauern sowie die Intelligenz*; letzterer billigte man keinen Rang als Klasse zu, sondern betrachtete sie als Zwischenschicht zwischen den Klassen. Natürlich gibt es in der Sowjetunion Arbeiter und Bauern. Es gibt sogar eine Intelligenz. Doch vermögen diese drei Begriffe »Arbeiter«, »Bauern« und »Intelligenz« eine ausreichend vollständige und genaue Beschreibung der sozialen Struktur der Bevölkerung zu geben? Wohin gehören dann beispielsweise die Zehn- und Hunderttausende von Menschen, die eine höhere Bildung und ein ziemlich hohes kulturelles Niveau besitzen, die jedoch im Staatssicherheitsdienst, in der Miliz, in juristischen Institutionen, in geschlossenen militärischen Instituten, im Militärstab und in der Spionage arbeiten? Schriftsteller und Journalisten kann man ohne größeres Schwanken zur Intelligenz zählen. Es gibt sie jedoch in der Sowjetunion zu vielen, vielen Tausenden. Und die überwältigende Mehrheit von ihnen sind Funktionäre und Beamte innerhalb des sowjetischen ideologischen und propagandistischen Apparates. Zu welcher sozialen Kategorie würden Sie sie zählen? Bei den Wissenschaftlern ist die Situation noch schwieriger. Greifen Sie doch ein beliebiges Forschungsinstitut heraus und Sie werden wiederum Repräsentanten der verschiedensten praktischen sozialen Kategorien entdecken, was den Begriff »Intelligenz« in seiner Anwendung auf diese soziale Gruppe, die im vorigen Jahrhundert einstimmig zur Intelligenz gezählt wurde, wiederum völlig sinnlos macht. Aber wo ordnet man die Parteifunktionäre, Minister, Generäle, Künstler, Sportler (die professionell im Sport tätig sind) ein? Gibt es noch andere soziale Unterschie-

---

* Intelligenz ist der in der Sowjetunion übliche Begriff für die intellektuelle, d. h. überdurchschnittlich gebildete Bevölkerungsschicht. (Anm. d. Übers.)

de zwischen den Menschen, die wichtiger sind als die erwähnten, die sie lediglich als Arbeiter, Bauern und Angehörige der Intelligenz definieren?

Denken Sie an irgendeine größere sowjetische Institution, und Sie werden sehr große soziale Unterschiede zwischen den Menschen feststellen, im Vergleich zu denen die Unterschiede zwischen den Arbeitern, Bauern und den Angehörigen der Intelligenz in den Hintergrund treten. Wir sprechen von der Klasse der Gutsbesitzer, obwohl es damals weniger Gutsbesitzer gab als heute Direktoren, leitende Funktionäre und Chefs. Und was die Machtbefugnisse betrifft, so besitzen diese Direktoren, leitenden Angestellten bzw. Funktionäre und Chefs nicht wenige – oft nicht weniger, sondern sogar mehr als früher die Gutsbesitzer. Auch an materiellen Gütern besitzen sie nicht weniger, sondern noch mehr als damals die Gutsbesitzer. Man kann auch nicht das Wort »Klasse« verwenden. Aber geht es denn um Worte? Benennen Sie es mit einer Kategorie, Art, Rubrik . . . Das ändert nichts am Kern der Sache. Besuchen Sie eine beliebige, halbwegs moderne Fabrik und Sie werden so große Unterschiede innerhalb der »Arbeiterklasse« sehen, daß sich unsere Vorstellungen von Klassen, soweit sie von den Werken der Klassiker des Marxismus geprägt wurden, als ungeheurer Anachronismus erweisen. Die in einem Werk arbeitenden Menschen unterscheiden sich voneinander im Lohnniveau, in den Arbeitsbedingungen, in der jeweiligen Rolle in der Produktion und vielen anderen Merkmalen, welche die Möglichkeit ausschließen, sie als homogene Masse von »Arbeitern« zu betrachten. Und wie viele Ministerien, Trusts, Räte, Partei-, Komsomol- und Gewerkschaftskomitees, Verbände und andere Institutionen gibt es! Und sie alle sind nicht aus einem Holz geschnitzt. Der allerkleinste Beamte im Apparat des ZK der Partei kann sich in sozialer Hinsicht als wichtiger erweisen als die stärkste Person der untergeordneten Institution.

Die Einteilung der Bevölkerung eines Landes in Klassen von

Arbeitern, Bauern, Gutsbesitzern und anderen mehr war bereits zu Marx' Zeiten eine so grobe Abstrahierung, daß viele wahrlich nicht dumme Zeitgenossen es ablehnten, eine solche Einteilung anzuerkennen. Und das keineswegs aus dem Wunsch heraus, den Ausbeutern zu dienen, oder aus Angst, wie man bei uns gemeinhin annimmt. Sondern eben deswegen, weil sie sahen, daß eine solche Einteilung wirklich nur begrenzt sinnvoll und die reale Struktur einer Bevölkerung bei weitem komplizierter ist. Diese Einteilung auf die sowjetische Gesellschaft zu übertragen, wobei die Gutsbesitzer und Kapitalisten natürlich weggelassen werden, heißt von vornherein die Möglichkeit zur Wahrnehmung der realen Sozialstruktur der Bevölkerung in der sowjetischen Gesellschaft auszuschalten.

Es ist dies ein charakteristisches Beispiel dafür, daß man mittels der Sprache der Menschen gezwungen wird, in der Realität zweitrangige Phänomene zu sehen, und daran gehindert, die erstrangigen zu erfassen.

Aber auch im Westen ist es um das Verständnis für die Struktur der sowjetischen Bevölkerung keineswegs besser bestellt. Wenn man in der Sowjetunion ein solches Phänomen mit dem übermächtigen Einfluß der Ideologie und der Angst vor Bestrafung erklären kann, womit kann man es hier – im freien Westen? Spricht das etwa nicht dafür, daß auch im Westen die Freiheiten in vielen Fällen illusorisch sind, daß die Menschen auf unsichtbare Weise gezwungen sind, das zu tun, was den einflußreichen Kräften der Gesellschaft wünschenswert erscheint – im gegebenen Fall also das Ignorieren offenkundiger Fakten der sowjetischen Realität?

Im Westen ist die Auffassung von der sowjetischen Gesellschaft weit verbreitet, die sowjetische Bevölkerung lasse sich in das geknechtete Volk und die es knechtende Regierung aufteilen. Das sowjetische System halte sich durch Gewaltanwendung und Betrug am Volk. Das sowjetische Volk hasse sein System und seine Machthaber und warte nur auf den Augenblick, in dem es sich von ihnen befreien könne. Wenn man dem sowjetischen Volk die Möglichkeit einer freien Wahl gäbe, würde es das sozialistische System westlicher Prägung wählen. Und so geht es in diesem Sinn weiter.

Zweifellos spielen Gewalt und Betrug ihre Rolle in der sowjetischen Gesellschaft. Zweifellos ist die Bevölkerung mit ihrer Lage unzufrieden und würde die Güter der westlichen Länder nicht zurückweisen. Doch nennen Sie mir einmal eine gewöhnliche Gesellschaft, in welcher nicht in dieser oder jener Form von Betrug und Gewalt Gebrauch gemacht würde! Nennen Sie mir ein großes Land, in welchem alle mit ihrer Lage zufrieden sind! In der sowjetischen Gesellschaft gibt es etwas anderes, das alle Seiten ihres Lebens bestimmt – darunter auch die Art der Gewalt, des Betrugs und der Unzufriedenheit. Das ist die reale Sozialstruktur. Das, was man das sowjetische Regime nennt, ist die natürliche Organisation von vielen Millionen Menschen zu einem einheitlichen sozialen Organismus. Diese Organisation kann man unmöglich einfach abwerfen, ohne die Gesellschaft bis in ihre physischen Grundfesten zu zerstören. Hier ist eine Trennung der Macht vom Volke praktisch unmöglich. Hier ist praktisch die gesamte erwachsene, gesunde und aktive Bevölkerung in das Machtsystem eingeschweißt. Das sowjetische Volk ist sozial nicht homogen. Man zähle doch nach, wie viele Minister, Generäle, Professoren, Offiziere, Direktoren, Leiter, Parteibeamte es hier gibt . . . Hier ist die Zahl der Menschen, die führende Ämter bekleiden, so groß, daß man aus ihnen und ihren Familien einen ganzen Staat von der Größe Frankreichs, Englands oder Westdeutschlands errichten könnte. Die Anzahl der Menschen aber, die keine offiziellen Posten haben, auf die aber ein gewisser Machtanteil entfällt, läßt sich gar nicht zusammenrechnen. Nehmen Sie irgendeine sowjetische Institution und prüfen Sie, wie diese in der Realität organisiert ist – und Sie werden sehen, was Sowjetmacht in Wirklichkeit ist. Wenn Sie jedoch die Organisation der vielen Einrichtungen insgesamt berücksichtigen, so werden Sie sehen, wie dicht das Netz der Macht die gesamte Gesellschaft umgibt. Dazu kommt noch die ungeheuer starke Macht des Kollektivs über jedes Individuum im einzelnen. Um dieses Machtsystem zerstören zu können, bedarf es gewichtiger historischer Grundlagen und Zeit. Dazu sind Jahrhunderte nötig, wenn man auf eine rein innere Evolution der sowjetischen Gesellschaft spekuliert.

Apparat und Nomenklatur

Obwohl die sowjetische Gesellschaft die interessanteste, wichtigste und zugleich als soziales Phänomen unserer Zeit schwerstverständliche ist, herrscht im Westen bis jetzt die Tendenz vor, diese Tatsache mit ein paar Universalbegriffen in einem Zug und ohne jegliches Bemühen, die Vorgänge in der sowjetischen Gesellschaft zu erklären, abzutun. Wovon auch immer die Rede sein mag, es tauchen sofort und in verschiedenen Kombinationen so allgegenwärtige, allwissende Wörter auf wie »Totalitarismus«, »Repressalien«, »Gulag«, »Parteiherrschaft«, »Nomenklatur« – und diese erheben Anspruch auf eine erschöpfende Erklärung, obwohl sie in Wirklichkeit nur von ungeheurer soziologischer Unbildung und Blindheit den offensichtlichen Fakten der Realität gegenüber zeugen.

Da ist zum Beispiel das Wort »Nomenklatur«, das das Geheimnis des sowjetischen Machtsystems angeblich lüften soll. Was ist »Nomenklatur« wirklich? In der Stalinära war dies einer der Schalthebel zur Lenkung der Gesellschaft, als sich die neue Sozialstruktur gerade erst in dem von nachrevolutionärer und Nachkriegszerrüttung betroffenen Land und auf den Trümmern des zusammengebrochenen russischen Imperiums herausbildete. Zur Nomenklatur gehörten besonders ausgewählte und vom Standpunkt der zentralen Gewalt zuverlässige Parteiarbeiter, die die Führung über große Menschenmassen in verschiedenen Gebieten des Landes und verschiedenen Lebensbereichen der Gesellschaft übernommen hatten. Die Führungssituation war verhältnismäßig einfach, die allgemeine Orientierungslinie war klar und stabil, die Methoden der Führung waren primitiv und genormt, das kulturelle und professionelle Niveau der zu leitenden Masse war niedrig, die Aufgabenstellung für die Aktivität der Massen und die Regeln für ihre Organisation waren verhältnismäßig simpel und mehr oder minder einheitlich. So konnte praktisch jeder beliebige Parteiführer, der in die »Nomenklatur« einbezogen war, mit gleichem Erfolg die Leitung über die Literatur, ein ganzes territoriales Gebiet, die Schwerindustrie, Musik oder Sport übernehmen. Die Hauptaufgabe einer Führung dieser Art bestand darin, die Einheit und Zentralisierung der Führung des Landes herzustellen und aufrechtzuerhalten, der Bevölkerung die neuen Formen ihrer wechselseitigen Beziehung mit den Machthabern beizubringen und um jeden Preis Probleme von staatlicher Bedeutung zu lösen. Und diese Aufgabe haben die Nomenklaturfunktionäre der Stalinzeit erfüllt. Viele von ihnen wurden selbst Opfer der Stalinschen Repressalien. Sogar zu Stalins Zeit waren sie ein Machtinstrument, aber nicht die Macht als solche und auch nicht der Kern der Macht. Man darf die Leiter der verschiedenen Kategorien nicht auf einen Haufen werfen. Nicht alle Machtträger höheren Ranges gehörten zur Nomenklatur. Stalin war kein Nomenklaturfunktionär. Nicht einmal Molotow, Woroschilow und viele andere berühmte Führer gehörten der Nomenklatur an, obwohl man sie von einem Posten auf den anderen beförderte.

In der Zeit nach Stalin, als das sowjetische Machtsystem seine heutige Form ausbildete, verschwand die Einrichtung der Nomenklaturfunktionäre im Stalinschen Sinne fast gänzlich. Das

Wort »Nomenklatur« blieb bestehen. Doch jetzt bezeichnet es wichtige Ämter im Macht- und Führungssystem, deren Besetzung von den Parteiorganen verschiedener Machtebenen kontrolliert und bestätigt wird. Es gibt eine Nomenklatur des ZK der KPdSU, der Republik-Zentralkomitees, der Gebiets- und Rayonskomitees der Partei. So wird beispielsweise der Fakultätsdekan der Moskauer Universität formal von Professoren und Mitgliedern des Wissenschaftlerrates der Fakultät gewählt. Doch die Kandidaturen für den Dekansposten werden mit dem ZK der KPdSU abgestimmt: Der Dekansposten der Universität ist eine Nomenklatur des ZK. In anderen Städten ist das gleiche Amt eine Nomenklatur rangniedrigerer Parteiorgane. Wenn ein Dekan der philosophischen Fakultät die Nomenklatur des ZK der KPdSU ist, bedeutet das noch nicht, daß man ihn auch in andere Tätigkeitsbereiche transferieren kann – etwa in die Montanindustrie oder in die Landwirtschaft. Im heutigen sowjetischen Machtsystem herrscht professionelle Arbeitsteilung, und von den Personen, die für die Posten bestimmt werden, fordert man ein bestimmtes Niveau professioneller Kompetenz.

Im heutigen sowjetischen Machtsystem gibt es Führer von mehr oder minder breitem Profil, was ihre Versetzung von einem Amt auf ein anderes ermöglicht. Aber das hat nichts mit der Institution der Nomenklatur zu tun. Andropow war beispielsweise Vorsitzender des KGB, wurde später Chefideologe – und schließlich Generalsekretär des ZK der KPdSU. Aber er gehörte dennoch zur Kategorie der Führer und nicht zu jener der Nomenklaturfunktionäre. Zigtausend Posten sind im heutigen Macht- und Führungssystem eine Nomenklatur verschiedener Stufen. Zigtausend Funktionäre des Machtsystems gehören nicht zur Nomenklatur.

Mit einem Wort, Nomenklatur einer gegebenen Parteiinstanz sind jene Posten im Macht- und Führungssystem, die außerhalb dieser Instanz selbst liegen und deren Besetzung entsprechend bestimmten staatlichen Gesetzen und Regeln erfolgt, die jedoch der Kontrolle dieser Parteiinstanz unterstehen und von ihr abhängen. Die Kategorie der Nomenklaturfunktionäre, deren Beruf es ist, Nomenklaturfunktionär zu sein, unabhängig von einem Amt oder einem anderen Beruf, existiert praktisch nicht als wichtiges Element des heutigen sowjetischen Machtsystems und spielt keine so bedeutende Rolle mehr wie früher.

Im Lichte der Sonnenfinsternis

Die intellektuelle Situation einer gegebenen Gesellschaft läßt sich anhand vieler Faktoren charakterisieren, etwa anhand der höchsten Errungenschaften auf dem Gebiet der Wissenschaft und Kunst, anhand des Bildungswesens, der Rolle der Wissenschaft und anderem. Einen wesentlichen Stellenwert unter diesen Faktoren nimmt das ein, was ich Massenintellekt nennen würde. Letzterer ist das Gesamtergebnis der Wirkung aller übrigen Faktoren. Er tritt eben als Massenphänomen zutage – in den Gedanken, Worten und Werken von Millionen Menschen in allen Bereichen und Schichten der Gesellschaft. Wenn man in einer Gesellschaft beispielsweise von der Möglichkeit spricht, die Zeit zu beschleunigen oder zu verlangsamen oder auch die Zeit zurückzudrehen, so ist das nicht nur die Folge hochentwickelter theoretischer Erkenntnisfähigkeit und großer schöpferischer Aktivität, sondern ebenso eine Folge des Sittenverfalls auf dem Gebiet der Wissenschaft, der logischen Unbildung, Sensationslust und unverhohlenen Schwindelei. Am bezeichnendsten für den Zustand des Massenintellekts einer Gesellschaft ist wohl der Zustand ihrer Sprache.

Als ich noch Student in Moskau war, fand eine Sonnenfinsternis statt. Obwohl sie nicht lange dauerte, trugen sich innerhalb dieser Zeit schwerwiegende Ereignisse an unserem Institut zu. Ein Assistent am Lehrstuhl für wissenschaftlichen Kommunismus verführte eine Studentin des ersten Studienjahres. Der Lehrerin für deutsche Sprache wurde ihre Tasche mit dem Geld gestohlen. Auf die Tür des Dekanats schrieb jemand Schimpfworte. Aus der medizinischen Fakultät, die neben unserer Fakultät lag, stahl man eine Hand und steckte sie in die Aktentasche des Dozenten für Kritik an der reaktionären westeuropäischen Philosophie. Kurz – es geschah einiges, in dessen Folge die Fakultät eine allgemeine Hörer- und Dozentenversammlung ansetzen mußte. Auf dieser Versammlung hielt ein Sekretär des Parteibüros eine weitschweifige Rede. »Die sowjetischen Werktätigen«, sagte er – nein, er sagte es nicht nur, sondern brüllte es in den Raum, »haben unter dem Banner Lenins und der Führerschaft des genialen Steuermanns der Menschheit, des Generalissimus Genossen Jossif Wissarjonowitsch Stalin, wohlorganisiert und mit hohem Verantwortungsbewußtsein eine planmäßige Sonnenfinsternis durchgeführt. Im Lichte dieser Sonnenfinsternis jedoch traten einige dunkle Punkte in der Erziehung der heranwachsenden Generation zutage. In unserem gesunden Kollektiv zeigten sich etliche in moralisch-politischer Hinsicht labile Elemente, die . . . mißbrauchten . . .«

All das sagte der Redner mit vollem Ernst. Und kaum einer bemerkte, wie logisch absurd und komisch diese Rede war. Als die persönliche Angelegenheit des unsittlichen Assistenten vom Lehrstuhl für wissenschaftlichen Kommunismus erörtert wurde, stellte sich zudem folgender, dessen Schuld zusätzlich erschwerender Umstand heraus: Er hatte nicht gewußt, daß in diesem Augenblick »eine so wichtige Angelegenheit im Land durchgeführt wurde« (so seine Worte). Und so wurde er gemäß der Parteilinie öffentlich dafür getadelt, daß er nicht die Zeitungen gelesen hatte. Andere Missetäter konnten nicht mehr aufgespürt werden. Man ging zum »Liberalismus« über, und die Aufdekkungsquote sank rapide ab. Der Dozent, der für die Kritik an der reaktionären bourgeoisen Philosophie zuständig war, brüstete sich damit, daß man ihm eine Hand in die Aktenmappe gesteckt hatte, die für praktische Übungen der Medizinstudenten bestimmt war. Für ihn war es das größte Erlebnis seines Lebens.

In einem solchen sprachlichen Sumpf lebte damals das ganze Land – und nach den sowjetischen Zeitungen, Zeitschriften, Büchern und Rundfunksendungen zu schließen, lebt es auch heute noch darin. Dieser Zustand wurde zum Normalzustand. Er fällt auch praktisch niemandem außer ein paar Satirikern auf. Man muß allerdings sagen, daß sich die allgemeine Situation der Sprache im Westen von der sowjetischen lediglich dadurch unterscheidet, daß der Unsinn subtiler und die Hirngespinste anderer Art sind.

Machtergreifen und An-die-Macht-Lassen

Im Westen ist es üblich, von den höchsten sowjetischen Führern klischeehaft zu sagen, sie hätten die Macht ergriffen. Die Verwendung des Ausdrucks »ergreifen« verpflichtet zu vielem. Sie bedeutet im gegebenen Fall, daß das Oberhaupt der sowjetischen Führung (der Generalsekretär des ZK der KPdSU) sich gegen den Willen und Wunsch jener Personen, die in dieses System eingebunden sind, gewaltsam des Machtsystems bemächtigt. Jedenfalls gilt es als selbstverständlich, daß er die Macht ergriffen hat. In Wirklichkeit hat die Form der Machterlangung, die für die kommunistische (sozialistische) Gesellschaft charakteristisch ist, überhaupt nichts mit Machtergreifung gemein.

Im Zusammenhang mit einem Phänomen innerhalb des sowjetischen Machtfolgesystems wie dem Jurij Andropows wurde das Problem äußerst aktuell. Der Aufstieg Jurij Andropows als ehemaliges Oberhaupt des KGB zur Macht war eine Erscheinung, die im sowjetischen Machtfolgesystem ungewöhnlioh war. Jedoch nicht zufällig. Vergleichen wir den Fall Andropows mit dem ersten Machterlangungsversuch eines ehemaligen KGB-Chefs – dem Berijas. Berija verfügte über genügend Kräfte, seinen Konkurrenten zu schlagen und Staatsoberhaupt zu werden. Doch sein Versuch schlug fehl. Andropow kam ohne Waffe an die Macht. Wie das? Weil Berija eben die Macht ergreifen wollte, was unter den Bedingungen des sowjetischen Machtsystems prinzipiell ausgeschlossen ist. Im sowjetischen Machtsystem ergreift man nicht die Macht. In diesem System wird man an die Macht gelassen. Nicht einmal Stalin ergriff die Macht, wie man gemeinhin annimmt. Stalin wurde an die Macht gelassen. Als einer, der an die Macht kommen sollte, vermochte er seine Position so auszunutzen, daß er die einmal erlangte Macht in festen Händen behielt. Aber das ist kein Machtergreifen.

Für die Tatsache, daß die Art und Weise, in einer kommunistischen Gesellschaft an die Macht zu gelangen, kein Machtergreifen ist, sondern ein Zugelassenwerden, spricht auch der Mißerfolg des Versuchs des zweiten ehemaligen KGB-Chefs Schelepin. Schelepin galt eine Zeitlang als Anwärter Nummer eins auf den sowjetischen »Thron«, doch unter den damaligen Umständen waren seine Absichten absolut illusorisch. Der Ruf eines KGB-Oberhauptes war noch zu anrüchig. Wenn ein solcher Mann an die Macht gelangt wäre, hätte dies dem Land in seinen Außenbeziehungen, der höchsten Führung jedoch auch im Land selbst beträchtlich geschadet. Nunmehr hat sich die Situation auf der Welt und im Land derart radikal verändert, daß sich der Ruf Andropows, ehemals KGB-Chef gewesen zu sein, sogar zu seinem Vorteil auswirkte.

Andropow wurde noch vor Breschnews Tod von seinen Kollegen und Rivalen an die Macht gelassen. Dies geschah nicht ohne

Kampf in der Führung. Ja, es gab Kampf. Und er dauerte ohne Unterbrechung bis zum Tod Andropows an. Es ist nicht ausgeschlossen, daß er auch eine Rolle bei der Verschlechterung von Andropows Gesundheitszustand nach dessen Machtübernahme spielte: Wer weiß, welche psychologische Atmosphäre im Kampf um die Macht und deren Erhaltung herrscht, wird darin nichts Verwunderliches sehen. Und kriminell ist übrigens auch nichts daran. Doch Andropow mußte um jeden Preis Oberhaupt der Partei und des Landes werden. Warum und dank welchem Umstand? Das Land war am Ende der Breschnjewführung in einer sehr schweren Lage. Die Korruption hatte ihren Höhepunkt erreicht. Die Arbeitsdisziplin war sogar unter das gewohnt niedrige Niveau gesunken. Wie die Situation in der Wirtschaft aussah, ist allgemein bekannt. Zugegeben, wenigstens eine Behörde konnte hervorragende Erfolge verbuchen – das KGB. Gebrochen, diskreditiert und ihrer sozialen Grundlagen beraubt war die Opposition. Das Agentennetz im Westen erreichte nie dagewesene Ausmaße, nachdem es bis in die letzten Winkel des Planeten und in alle Lebensbereiche der Gesellschaft eingedrungen war. Das KGB wurde zu einer Macht, die eine wesentliche Rolle in militärischen Angelegenheiten, aber auch in Wirtschaft und Politik spielte. Und unter den höchsten sowjetischen Führern, die Anspruch auf die Hauptrolle erhoben, erwies sich das Haupt des KGB als passendste Figur.

Andropow war unter ihnen derjenige, der am besten über die Situation im Land und auf der Welt informiert war – und das in objektiver Weise, ohne Illusionen, Augenauswischerei und ideologisches Geschwätz. Ihm stand ein gewaltiger Machtapparat zur Verfügung. Er war imstande, ernsthafte Maßnahmen zu ergreifen und auch die Verantwortung zur Verbesserung der schwierigen Lage im Land auf sich zu nehmen. Eine nicht unwesentliche Rolle spielte dabei auch die Tatsache, daß keine der Gruppierungen auf der höchsten Führungsebene das ausschlaggebende Übergewicht erhielt. Andropow war teilweise als Kompromißfigur an die Macht gelassen worden, hauptsächlich jedoch mit dem Ziel, die schmutzigste und undankbarste Arbeit zu tun, nämlich dem Abgleiten des Landes in eine allgemeine schwere Krise Einhalt zu gebieten. Schließlich war Andropow krank, das wußte man. Ihm standen nicht einmal mehr zehn Jahre zur Verfügung, die zur Schaffung eines persönlichen Machtapparates wie dem Breschnjews notwendig gewesen wären. Deshalb mußte er sich beeilen, was wiederum dem Wesen des Machtsystems widerspricht. Er war als vorübergehende Figur, die sich für außergewöhnliche Maßnahmen am ehesten eignete, an die Macht gelassen worden. Nachdem Andropow seine Rolle erfüllt hatte, sollte er der Idee nach seinen Platz einem mittelmäßig begabten Parteibürokraten der höheren Ebene überlassen, der der Routine des durchschnittlichen sowjetischen Lebens besser entsprach. Und so geschah es auch.

Karriere und Karrierismus

Im Sommer hatten wir eine Datscha bei Moskau gemietet; eigentlich waren es ein paar kleine Zimmer in einem Landhaus, das einem ehemaligen wichtigen Parteifunktionär gehörte (er war Sekretär eines der Moskauer Rajonskomitees der Partei). Nicht weit davon hatte ein berühmter General im Ruhestand seine prächtige Datscha. Einmal unterhielt ich mich mit unserem Hausherrn über Karrierismus. Als Antwort erteilte er mir eine ganze Lektion über dieses Thema, die ich später literarisch verarbeitete. Hier die Essenz seiner Überlegungen.

Es wird immer angenommen, unsere Gesellschaft sei von Karrierismus befallen. Wie naiv! Unsere Gesellschaft leidet am Fehlen von Karrierismus. Bei uns kommen verschiedene Dinge zusammen: eine Überfülle von Amtspersonen, Aufrücken im Dienst, Erfolg im Leben, das Bestreben, etwas zu erreichen, einen Posten zu bekleiden, im Dienst vorwärts zu kommen – all das einerseits, und Karrierismus als bestimmte Eigenschaft des Menschen andererseits. Der General beispielsweise war diensteifrig, kam in seinem Dienst erfolgreich weiter und bemühte sich auch darum. Aber er war kein Karrierist. Karrieristen haßte er aus tiefster Seele. Ich bin kein Karrierist, sagte unser Hausherr, aber mein Schwiegersohn ist einer. Mein Sohn hingegen nicht. – Nehmen wir also den General. Was meinen Sie – hätte er es zu größerem Erfolg gebracht, wenn er Karrierist wäre? Und ich? Also – als Karrieristen hätten wir uns jetzt nicht zu solchen Höhen heraufgearbeitet. Mein Sohn ist kein Karrierist. Mein Schwiegersohn jedoch schon – aber man weiß noch nicht, wer von beiden weiter kommen wird. Ich habe den Verdacht, daß letzterer schon oben angelangt ist. Warum? Weil er ein Karrierist ist! Wenn ein Mensch erfolgreich in seinem Dienst vorwärts kommt, so sagt das noch nichts. Wenn jemand ein Karrierist ist, so folgt daraus noch nicht, daß er deshalb große Fortschritte macht. Wir haben Millionen Dienstleitern. Irgendjemand muß sie ja hinaufklettern. Aber wieviele Sprossen haben solche Leitern? Bisweilen sind es -zig Sprossen. Und wenn alle unten anfangen und mit gleicher Geschwindigkeit klettern, so kommt gar keiner zu den oberen Sprossen. Und wenn – so geht er gleich darauf in Rente oder auf den Friedhof. Halten Sie es etwa für einen Zufall, daß die Führungsspitze durchweg hochbetagt ist? Es müssen doch alle Sprossen der Leitern besetzt sein, bis hinauf zur obersten Sprosse. Sonst gibt es kein Leben. Sonst gibt es nur ein Fiasko.

Unsere Gesellschaft – führte unser Hausherr seinen Gedanken weiter aus – steht Karrierismus als persönlicher Eigenschaft feindlich gegenüber. Zum Karrierismus wird man hier nicht angespornt. Sie sagen, Karrieristen verstellen sich gut? Das heißt also, sie wollen nicht, daß man sie für Karrieristen hält. Das meine ich auch. Natürlich verstellen sie sich. Und es ist gar nicht so leicht, ihnen auf die Spur zu kommen. Sie haben gewöhnlich auch starke Beschützer. Ohne mich hätte es mein Schwiegersohn beispielsweise nicht weiter als bis zum Dozenten gebracht. Aber häufiger entlarven wir Karrieristen und sagen »STOP« zu ihnen! Da liegt der Haken. Ich persönlich meine, daß unsere Mißstände im Führungsapparat eben davon herrühren. Aus irgendeinem Grund ein guter Führer bei uns eine Seltenheit. Sie lachen? Wird bei Ihnen etwa ein echter Wissenschaftler geschätzt? Und ein Künstler? Und ein Schriftsteller? Nicht besonders? Bei uns ist es ganz genauso.

Was ist eigentlich ein Karrierist? Laut Nachschlagewerk ein Mensch, der um jeden Preis danach strebt, auf der Karriereleiter schneller und höher hinaufzukommen, wobei er sein konkretes Metier nur als Mittel zum Zweck benutzt. Eine solche Definition war früher passend, als es weniger Ämter gab und die Leiter kürzer war. Aber jetzt müssen ja schon alle irgendwie vorwärtskommen. Und mit einer solchen Definition macht man keinen Unterschied zwischen einem General und einer Putzfrau. Aber ist nun Breschnjews Bestreben, Marschall zu werden, ein Anzeichen für Karrierismus oder nicht? Sie sagen, höher konnte er nicht mehr aufsteigen? Na und? Ein Karrierist bleibt ein Karrierist, selbst wenn er die Spitze oder überhaupt nichts erreicht hat. Was ist also Karrierismus?

Karrierismus ist die Fähigkeit, Karriere zu machen – und erst in zweiter Linie der Wunsch danach. Aber da hier das eigentliche Metier das Karrieremachen ist, ist es gleichgültig, um welches Metier es sich handelt. Karrierismus tritt als Fähigkeit in jedem Metier gleichermaßen auf; einem Karrieristen ist es auch egal, auf welchem Gebiet er reüssiert, denn die Gesetze des beruflichen Erfolges sind überall gleich. Im Leben kommt Karrierismus selten in reiner Form vor. Das pflegt am ehesten bei Parteimitgliedern der Fall zu sein. Gewöhnlich spielt auch die

Neigung zu einem bestimmten Beruf herein. Der General war ein geborener Krieger. Mein Sohn trug sich von Kindheit an mit Diplomatie, mein Schwiegersohn aber pfiff auf alles – außer auf die Karriere. Und deshalb läßt man ihn nicht weiterkommen. Wir sind bei der Hauptsache angelangt. Eben unter den Karrieristen gibt es häufiger Menschen, die sich zur Führung und Verwaltung von Menschen unter unseren Bedingungen besser eigneten. Sie haben es jedoch schwerer, sich zu einer solchen Aufgabe vorzukämpfen. Und darin besteht das Problem! Sie kritisieren ihren Direktor wegen seines Karrierismus. Aber worin besteht die Funktion eines Direktors? Wären Sie einverstanden, Direktor zu werden? Wie alt ist Ihr Direktor? Und woher wissen Sie, was in Ihrer Wissenschaft geschehen wäre, wenn echte Karrieristen an die Macht gekommen wären und nicht solche Tattergreise wie Ihr Direktor? Ihr Direktor taugt eben nichts als Karrierist, sonst wäre er mit Ihnen nicht so umgegangen. Was ich bin, fragen Sie? – Ich war ein ehrlicher, gewissenhafter und genauer Arbeiter. Und mehr wollte ich nie sein. Im Verwaltungssystem braucht man auch solche Leute.

Pferde speisen Hafer

Als Stalin nach dem Krieg in altersbedingten Führerwahn verfiel, wandte er sich der Wissenschaft zu, darunter auch der Sprachwissenschaft. Bei dieser Gelegenheit tadelte er das Akademiemitglied Marra, weil dieser versuchte, den Marxismus auch in die Sprachwissenschaft zu integrieren. Das war allerdings der einzige Fall in der Geschichte des Marxismus, daß eine Koryphäe des Marxismus dessen Eindringen in irgendeine Sphäre der menschlichen Existenz verhinderte. Indes tadelte Stalin den Vulgarisierer Marra vergebens: Die Sprache spiegelt tatsächlich die sozialen Bedingungen des Menschen wider. So hat man beispielsweise vor der Revolution zur Bezeichnung der Tätigkeit der Nahrungsaufnahme drei verschiedene Wörter verwendet: »speisen«, »essen« und »fressen«. Was heißt, daß Adelige speisten, Kapitalisten aßen und Werktätige fraßen.

Nach der Revolution waren die Klassen der Ausbeuter vernichtet, und die Werktätigen kamen an die Macht. Um das Essen war es zwar sehr schlecht bestellt, dafür wurden die Werktätigen auf die höchste sprachliche Stufe erhoben: Sie begannen nun zu speisen. Es war zwar Spülwasser, aber immerhin – sie speisten. Sogar von den Tieren begann man zu sagen, sie speisten. Jener Universitätslehrer, den ich oben erwähnte, berief sich bei dem Versuch, die Allmacht der dialektischen Logik unter Beweis zu stellen, selbstverständlich auf Lenin. »Was lehrte uns der große Lenin?« stellte der progressive Dozent die rhetorische Frage. »Nehmen Sie den allereinfachsten Satz, lehrte uns Wladimir Iljitsch*, zum Beispiel ›Pferde speisen Hafer‹ – und Sie werden darin alle Elemente der Dialektik entdecken.«

Der Unsinn in dieser Behauptung Lenins und seines Anhängers, des Dozenten für dialektische Logik, bestand dabei nicht einmal so sehr darin, daß Pferde Hafer speisen (man gehe und finde einmal diesen Hafer, und wo wird man ein Pferd sehen, das Hafer speist?!), als vielmehr darin, daß dieser Satz bei weitem nicht der einfachste ist. Das geht schon aus dem primitivsten Lehrbuch für Logik hervor, nach dem man aufgrund des persönlichen Erlasses von Genossen Stalin Logik in der Schule unterrichtete.

Diese Pferde, die Hafer speisen, haben sich so tief in unser Gedächtnis eingeprägt, daß sie dadurch alle Elemente der Dialektik verdrängten. Ein Aspirant aus einer asiatischen Republik (der später Akademiemitglied wurde), legte seine Prüfung im

---

* Im Russischen ist es üblich, mit Vor- und Vatersnamen anzureden, im Falle Lenins also mit Wladimir Iljitsch. (Anm. d. Übers.)

Fach Logik ab und nannte prompt als erste Besonderheit der dialektischen Logik, sie, die dialektische Logik, speise Hafer.

Die Stabilität der sowjetischen Gesellschaft

Die Sowjetunion hat den Bürgerkrieg überlebt, eine Intervention, den stalinistischen Terror, den Krieg gegen Deutschland . . . Und dennoch ist sie intakt geblieben und sogar stärker geworden. Ungeachtet der – wie man meinen möchte – unbestrittenen Bestätigung der Stabilität der sowjetischen Gesellschaft hoffen viele Menschen im Westen bis jetzt, daß diese aufgrund innerer Gegebenheiten bald in sich selbst zusammenbrechen werde. Als solche Gegebenheiten nennt man normalerweise folgende: Der sowjetische Mensch glaubt nicht an den Marxismus-Leninismus. Die Unternehmen erwirtschaften nahezu keinen Gewinn und machen sogar eher Verluste. Die Landwirtschaft befindet sich in katastrophalem Zustand. Ohne den Ankauf von Lebensmitteln im Westen würde das sowjetische Volk vor Hunger umkommen. Die Technologie ist um Jahrzehnte hinter der westlichen zurückgeblieben. Wenn der Westen die Sowjetunion nicht mit seinen technischen Erfindungen versorgte, so würde letztere technologisch überhaupt zu einem unterentwickelten Land ähnlich den Entwicklungsländern der dritten Welt. Eine immer größere Zahl von Sowjetbürgern wendet sich der Religion zu. Die Menschen sind mit dem niedrigen Lebensstandard und dem Fehlen demokratischer Freiheiten unzufrieden. Die nationalen Konflikte nagen an der monolithischen Einheit des sowjetischen Imperiums. Die Länder des Ostblocks stre-

143

ben nach größerer Unabhängigkeit von der Sowjetunion und der Veränderung ihres sozialen Systems. Was – so scheint es – braucht es da noch? Spricht etwa nicht alles dafür, daß das sowjetische Regime nicht beständig ist?!! Doch die Jahre vergehen. Und das »Regime« bricht nicht zusammen. Die Angst im Westen vor diesem Land, das man kurz vor dem Zusammenbruch wähnt, wächst immer mehr.

Woran liegt das? Vielleicht ist die Sowjetunion doch eine Gesellschaft mit hohem Stabilitätsgrad? Aber das Wort »stabil« ist irreführend. Eine positive Antwort auf die Frage kann wie prosowjetische Propaganda aussehen statt wie eine nüchterne Analyse des tatsächlichen Zustandes der sowjetischen Gesellschaft. Man spricht dieses Wort ungern aus. Dabei ignoriert man erstaunlicherweise die banale Tatsache, daß in der Welt Gegenstände mit hohem Stabilitätsgrad genausooft zerstört werden wie solche mit niedrigerem, und daß Gegenstände mit niedrigem Stabilitätsgrad sogar oft länger existieren als mit hohem. Die Lebensdauer von Phänomenen hängt nicht nur von ihrem inneren Zustand ab, sondern auch von äußeren Umständen. Eine Gesellschaft kann verhältnismäßig festgefügt und dauerhaft sein – aber nicht dank ihrer inneren Harmonie, sondern dank der Schwäche ihrer Nachbarn und Gegner. Außerdem folgt aus der Tatsache, daß eine gegebene Gesellschaft stabil ist, nicht, daß sie gut ist. Daraus, daß eine gegebene Gesellschaft nicht stabil ist, folgt auch nicht, daß sie schlecht ist. Die gesellschaftliche Struktur der westlichen Länder verfügt über einen verhältnismäßig niedrigen Stabilitätsgrad. Dafür kann das feudale System der Leibeigenschaft im vorrevolutionären Rußland in puncto Stabilität mit dem sowjetischen System konkurrieren.

Ein hoher Stabilitätsgrad eines Phänomens – darunter auch einer Gesellschaft – ist weder etwas absolut Positives, noch ist ein niedriger dagegen etwas absolut Negatives. Wanzen und Ratten sind zäher als Affen, die doch eine ungleich höhere Stufe auf der Evolutionsleiter lebender Organismen einnehmen. Man kennt primitive Stämme, die ihre Lebensstruktur über Jahrhunderte unverändert bewahrt haben. Die alten Ägypter existierten etliche Jahrtausende ohne radikale soziale Revolutionen. Ein Blatt Papier, das auf einer Fläche aufliegt, nimmt eine stabilere Lage ein als ein vertikal auf Bleistiftspitzen aufgestelltes Blatt. Mit der Steigerung des Organisationsniveaus eines sozialen Systems verstärkt sich die Tendenz zur Herabsetzung seines Stabilitätsgrades. Ein soziales System, in dessen Organisation entropische Prozesse dominieren, besitzt einen hohen Stabilitätsgrad. Die kommunistische Gesellschaft ist eben genau ein solcher Typ der Vereinigung von Millionen Menschen zu einem einheitlichen Ganzen, in welchem die aktiveren und einflußreicheren Bürger eine zum Überleben sicherere, für den Lebensablauf bequemere und für den Erfolg günstigere Stellung im Organisationssystem der Menschen selbst, kurz, in ihrer Sozialstruktur anstreben. Nach denselben Prinzipien macht sich die kommunistische Gesellschaft in ihrer Umwelt breit. Sie fließt gleichsam nach den Gesetzen der Schwerkraft dahin, dringt in alle Poren und Spalten der Umwelt ein und sucht sich das geeignetste Flußbett. Als theoretisches Modell für den Stabilitätstyp dieser Gesellschaft kann man sich eine Summe hohler bzw. konkaver Oberflächen mit Löchern verschiedener Größe und Anordnung vorstellen, durch die Körper verschiedener Form und Größe gleichsam hindurchfallen – Elemente des Stoffes, aus dem Gesellschaften sind. Als Gegensatz zu diesem Modell kann man für die Stabilität der westlichen Gesellschaft die Vorstellung vom Hochklettern an glatten oder dornigen Bäumen nehmen, die von einem ganzen System künstlicher Stützen senkrecht gehalten werden. Hier ist die antientropische Tendenz sehr stark – die Tendenz zur Steigerung der Organisationsstufe. Heute hat sich allerdings in der westlichen Gesellschaft auch die entropische Tendenz verstärkt, die ihren Stabilitätsgrad ein wenig erhöht.

Die sowjetische Gesellschaft wird im Westen gewöhnlich als eine Form der »totalitären« analog zu Hitlerdeutschland betrachtet. Ganz zu schweigen davon, daß der Terminus »Totalitarismus« nicht wissenschaftlich definiert und eindeutig ist, birgt diese Gleichsetzung an sich schon einen äußerst groben soziologischen Fehler. Daß sich diese Länder in vielem ähnelten, ist richtig. Aber wie sich als Ergebnis ihres militärischen Zusammenstoßes zeigte, war der Unterschied zwischen ihnen tiefer und entscheidender.

Hinsichtlich des Typs und des Grades der Stabilität hatte Hitlerdeutschland ganz auf künstlichen Stützen geruht. Die soziale Basis des Hitlerregimes (hier ist das Wort »Regime« angebracht, denn es handelt sich um die Organisation einer Gesellschaft mit politischen Mitteln) blieb unberührt. Die Stabilität der sowjetischen Gesellschaft jedoch erwuchs aus dem Organisationssystem von Menschen im Fundament der Gesellschaft. Und keinerlei künstliche Stützen waren erforderlich. Deshalb ist das Wort »Regime« unangebracht. Selbst der Stalinsche Terror war nur eine soziale Organisationsform des freiwilligen Wirkens der Bevölkerungsmassen. Das Hitlerregime wäre bei jedem Kriegsausgang zusammengebrochen. Das sowjetische System aber hätte selbst im Fall einer Niederlage in dieser oder jener Form überlebt. Ich möchte im übrigen bemerken, daß die sowjetischen Führer damals selbst nicht das Wesen ihres Systems begriffen und nicht sofort erkannten, daß Deutschland dem Untergang geweiht war. Der Krieg nahm für die Sowjetunion Volkscharakter an. Das ist einer der wichtigsten Faktoren für die Stabilität der Gesellschaft. In dieser Gesellschaft ist die Mehrheit der Bevölkerung in der einen oder anderen Form in das Schicksal des ganzen Landes eingebunden und entwickelt Verantwortungsgefühl für die gesamte soziale Situation.

Die hohe Stabilität einer Gesellschaft, um es zu wiederholen, hat nicht nur positive Seiten. Eine der wichtigsten negativen Folgeerscheinungen von hoher Stabilität einer Gesellschaft ist die Tendenz zum Stillstand. Die Geschichte liefert zahlreiche Beispiele dafür. Auch die Sowjetunion stellt keine Ausnahme von dieser allgemeinen Regel dar. Ungeachtet der Tatsache, daß die Sowjetunion die Fähigkeit besitzt, verhältnismäßig rasch Krisen- und Katastrophensituationen zu überwinden und alle Grundbereiche des Lebens im Land auf ein bestimmtes, vergleichsweise hohes Niveau anzuheben (dabei kommt übrigens ihre hohe Stabilität zum Ausdruck), neigt sie dennoch in hohem Grad zum Stillstand – und das gerade in denselben Beziehungen. In unserer Gegenwart wird diese Tendenz zum Stillstand nur deshalb nicht in vollem Umfang offenkundig, weil die Sowjetunion gezwungen ist, mit dem Westen zu konkurrieren und im Kampf um die Vorherrschaft auf der Welt äußerst aktiv zu sein. Wenn der Kommunismus auf der ganzen Welt siegt, so wird eine Epoche in der Geschichte anbrechen, die alle jemals existiert habenden Muster für stagnierende Gesellschaften an Stagnation überbieten wird.

Der Begriff Stabilität ist ziemlich komplex. Wenn man von der Stabilität eines komplizierten, innerlich gegliederten und veränderlichen Gegenstandes spricht – dazu gehört die Gesellschaft –, so muß man die beiden folgenden Aspekte unterscheiden: die Zähigkeit und die Beständigkeit eines Gegenstandes. Im ersten Fall ist gemeint, wie lange eine Gesellschaft des gegebenen Typs existieren kann, wenn für deren Existenz gefährliche Einwirkungen von außen ausgeschlossen werden; wie gut diese Gesellschaft vor Angriffen und Einflüssen von außen geschützt ist; wie lange sie unter vorhandenen gefährlichen Einwirkungen von außen bestehen kann; wie weit sie imstande ist, innere Kräfte zur Selbsterhaltung zu mobilisieren. In letzterem Fall wird darauf Bezug genommen, was der Normalzustand einer Gesellschaft ist, und was die Abweichung von der Norm; wie weit eine Gesellschaft fähig ist, den Normalzustand ohne Unterbrechung zu erhalten; wie weit sie fähig ist, nach Abweichungen von der Norm den Normalzustand wiederherzustellen.

Wenn wir wirklich zuverlässig klären wollen, wie die gegebene Gesellschaft hinsichtlich ihrer Stabilität aussieht, müssen wir in erster Linie feststellen, was als Normalzustand dieser Gesellschaft gilt (als Norm für diese) und was als Abweichung von diesem (als Abweichung von der Norm). Für unterschiedliche Gesellschaftstypen gibt es in dieser Hinsicht eigene, unterschiedliche Kriterien. Aus der Sicht einer ewig wiederkäuenden Kuh kann eine Anakonda nicht existieren. Ein Kamel kann nicht existieren, wenn man die Kriterien eines Nilpferdes an dieses anlegt. Die Meinung jener im Westen, welche die sowjetische Gesellschaft für instabil halten und auf ihren baldigen Untergang von innen her hoffen, beruht teilweise (abgesehen davon, daß sie das Gewünschte für realistisch halten) darauf, daß sie an Phänomene der sowjetischen Gesellschaft Maßstäbe der westlichen Gesellschaft anlegen, die der sowjetischen fremd sind. Man glaubt beispielsweise, die Sowjetunion habe einen vollen Zusammenbruch auf dem Gebiet der Landwirtschaft erlitten und befinde sich jetzt am Abgrund einer Ernährungskatastrophe. Ferner glaubt man, es wäre sinnvoll, den Verkauf von Nahrungsmitteln an die Sowjetunion einzustellen, als ob sich das Gewünschte dann erfüllen würde: ihre Kapitulation vor den Forderungen des Westens. Es gibt jedoch eine Menge »aber«, die derartige Ansichten vollständig ad absurdum führen. Der Lebensstandard, der, gemessen mit westlichen Maßstäben, für ein Versorgungsproblem oder einen Zusammenbruch gehalten wird, ist in Wirklichkeit für die sowjetische Bevölkerung die Norm – er hält sich jedenfalls innerhalb der Grenzen der Norm. Im extremen Notfall kann die Sowjetunion auf strategische Nahrungsmittelreserven zurückgreifen, die für den Fall eines neuen Weltkrieges bereitgehalten werden. Die Sowjetunion zieht es jedoch vor, Getreide im Westen zu kaufen statt gigantische Anstrengungen zu unternehmen, um die Landwirtschaft anzukurbeln. Das ist billiger. Der Westen verkauft in jedem Fall sein Getreide – für ihn ist es wichtiger, zu verkaufen, als für die Sowjetunion, zu kaufen. Der Westen verkauft zu jeder Zeit Getreide, ihre Landwirtschaft aber liefert dieses Getreide erst nach vielen Jahren, die vielleicht gar nicht mehr kommen (im Falle eines äußerst wahrscheinlichen Krieges).

Die sowjetische Wirtschaft gilt als wenig gewinn-, ja sogar als verlustbringend. Tatsächlich vermochten nur wenige sowjetische Unternehmen in wirtschaftlicher Konkurrenz mit westlichen Unternehmen desselben Typs Schritt zu halten. Doch es wäre vollkommen falsch, mit nur rein wirtschaftlichen Kriterien zu messen. Betriebe erfüllen im System des sowjetischen Lebens ganz streng definierte Funktionen, stellen die ihnen vorgeschriebene Produktion nach sowjetischen (!) Qualitäts- und Quantitätsnormen her, geben einer bestimmten Anzahl von Menschen mit bestimmten Berufen Arbeit, nehmen am öffentlichen Leben nach sowjetischen Sozialnormen teil. In dieser Hinsicht erfüllt die Mehrheit der sowjetischen Betriebe die sowjetischen Anforderungen, die an sie gestellt werden.

Der Stabilitätsgrad einer Gesellschaft wird von zahlreichen Faktoren bestimmt – vom Menschentyp, von der Position des Menschen in der Gesellschaft, von der Kategorie der primären Vereinigungen und ihrer Beziehungen, vom Führungssystem, von der Komplexität der Wirtschaft und Kultur und anderem mehr. Jeder Gesellschaftstyp hat seine eigenen Stabilitätsgrößen, die innerhalb bestimmter Grenzen schwanken, jedoch mehr oder minder festgelegt sind. Genaue quantitative Messungen in dieser Hinsicht wurden bis jetzt nicht durchgeführt. Man begnügte sich und begnügt sich auch heute mit annähernden, relativen Schätzungen wie »hoch«, »niedrig«, »sehr hoch«, »höher« usw. Aber in unserer Zeit, in der von der richtigen Einschätzung des lebendigen Potentials eines Landes (insbesondere einer Großmacht) mitunter der Verlauf der Geschichte abhängt, ist dies äußerst ungenügend. Entsinnen wir uns des groben Fehlers, den die Hitlerführung Deutschlands 1941 bei der Beurteilung des Lebens- (und Kriegs-) Potentials der Sowjetunion beging.

Beträchtlich angehoben wurde der Stabilitätsgrad der sowjetischen Gesellschaft durch die totale Normierung aller ihrer strukturellen Elemente und Funktionen sowie durch die Stellung der Individuen innerhalb sozialer Gruppen und die Art der Einbindung von Gruppen in ein einheitliches, organisches Ganzes. Das gesamte Land ist in verschiedene Teile gegliedert, die eine gleichartige Sozialstruktur besitzen. Dabei entspricht diese Teilstruktur der Gesamtstruktur des Landes. Jeder Teil zerfällt wiederum in kleinere Teile bis hin zu Primärkollektiven, welche die allgemeinen Züge komplizierterer Vereinigungen und der Gesellschaft im Ganzen wiederum bis zu den Zellen des Ganzen bewahren. Die Macht- und Führungsorgane, doch auch die Unterabteilungen des öffentlichen Lebens, die das ganze Land erfassen (Verkehrswesen, Post, Industriezweige, Heer usw.), besitzen genau dieselbe genormte Zellstruktur. Die Zellen bilden eine komplizierte hierarchische Struktur, immer nach denselben Prinzipien. Die Funktionen der Individuen innerhalb der Primärkollektive sowie die Funktionen der Kollektive innerhalb komplexer Vereinigungen und im Land überhaupt sind ebenso normiert. Dank dieser Tatsache lebt jeder Teil des Ganzen so, als bekäme er ständig seine Weisung aus Moskau und vom ZK der KPdSU. Tatsächlich lebt jedoch jeder Teil normalerweise auch ohne Weisungen von oben so, wie es von den Normen der kommunistischen Gesellschaft gefordert wird. Weisungen von oben spielen sicherlich eine Rolle. Aber nicht die entscheidende. Das Leben der Gesellschaft hinsichtlich des hier untersuchten Themas basiert auf ihrer routinemäßigen Selbstorganisation in allen ihren Bereichen, Teilen und Organen. Daher ist dieses Land fähig, seine Ganzheit und Lebensfähigkeit auch im Falle von Verlusten zu bewahren, deren Folgen für Gesellschaften eines anderen Typs unausdenkbar wären.

Dank der totalen Normierung erweisen sich die Lebensbedingungen der Menschen derselben sozialen Schicht als mehr oder minder gleichwertig. Dies unterbindet die Tendenz der Bevölkerung zu Mobilität – wieder einer der Faktoren, die den Stabilitätsgrad steigern. Die Landflucht der Menschen aus den Dörfern in die Städte und aus den Provinzen in größere Zentren, wie sie ausgebrochen ist und immer noch andauert, ist eine historisch vorübergehende Erscheinung, die mit den konkreten natürlichen und historischen Bedingungen des Landes und der Bildung einer neuen Gesellschaft im ehemaligen russischen Imperium zu tun hat. Die heute stattfindenden Umsiedlungen von Menschen aus einem Gebiet in ein anderes (insbesondere die Kolonisierung der Zentren Rußlands durch Randvölker) gehen meistens unter der Kontrolle der Behörden vor sich.

Einen entscheidenden Beitrag zum Stabilitätsgrad der kommunistischen Gesellschaft leistet die Stellung des einzelnen Individuums in dieser sowie die durch diese seine Stellung bedingte Ideologie und Psychologie. Alle erwachsenen, arbeitsfähigen Staatsbürger sind auf ihre Art Beamte des Staates. Sie genießen Mindestgarantien an Lebensgütern, die für ihre eigene Existenz und die ihrer Familien notwendig sind, Ausbildung, Arbeit, Zerstreuungen und soziale Kommunikation. In den Genuß dieser Existenzmittel können sie nur gelangen, weil sie Mitglieder primärer Arbeitskollektive sind und in diesen Kollektiven Funktionen erfüllen, die durch ihre Fähigkeiten, Bildung, Berufsausbildung und persönlichen Beziehungen bedingt sind. Nur über das Kollektiv können sie ihre Anlagen und Ansprüche an das Leben verwirklichen, ihre Lebensbedingungen verbessern, Erfolg erringen und Karriere machen. Deshalb stehen sie ständig unter der Kontrolle des Kollektivs. Die Interessen des Kollektivs dominieren hier wirklich über die Interessen der einzelnen Persönlichkeit. Sie entwickeln ein eigenes Kollektivbewußtsein und eine eigene Ideologie. Letztere wird ihnen im ganzen Land regelmäßig auf normierte Art aufgedrängt. Die juristische Bindung der Menschen an bestimmte Arbeitsplätze ist hier nur Ausdruck für eine lebensnotwendige Maßnahme. Ausnahmen sind selten. Im übrigen werden Personen, die sich ihrer Arbeit in den offiziell zugeteilten Kollektiven entziehen, als Verbrecher verfolgt. Dabei begegnen sie bei der Masse der Bevölkerung keinerlei Unterstützung oder Mitgefühl. Deshalb ist die Bildung großer Gruppen von Menschen, die der Kontrolle der Behörden, der öffentlichen Organisationen und der Primärkollektive entgleiten, in einer solchen Gesellschaft auf längere Zeit ausgeschlossen. Hier ist eine Opposition der Masse gegen die Machthaber und das Gesellschaftssystem an sich ausgeschlossen, da sie sich weder Erfahrung noch Tradition aneignen kann. Hier ist die Bildung jedweder politischer Parteien absolut ausgeschlossen.

Das, was man im Westen unveräußerliche Menschenrechte und demokratische Freiheiten nennt, ist nicht nur dem Machtsystem an sich fremd, sondern auch der Bevölkerung selbst. Sie entsprechen in keiner Weise der realen Situation der Menschen in der Gesellschaft, noch ihrer Mentalität und Psyche. Der Mensch wird ständig ideologisch bearbeitet, und das macht ihn maximal formbar für Manipulationen im Namen der Interessen der ganzen Gesellschaft. Das Machtsystem aber vertritt in Übereinstimmung mit den etablierten Traditionen und epochalen Zielsetzungen sowie den Prinzipien der Selbsterhaltung die Interessen des Ganzen.

Die primären Arbeitskollektive und die komplizierteren sozialen Gruppen vereinigen sich nicht nur zu einer Gesamtheit, die räumlich begrenzt und durch verschiedene historisch gegebene Beziehungen verbunden ist, sondern auch zu einem einheitlichen sozialen Organismus – zu einem organischen Ganzen. Diese Gesellschaft schließt prinzipiell völlig unabhängige Teile, Gruppen, Sphären usw. aus. Hier sind alle Einzelteile, Sphären, Untergruppen, Funktionen und Prozesse zu einem lebendigen Wesen verbunden. Die sozialen Gruppen hängen hier in ihrem Funktionieren von den anderen ab, und von diesen wiederum andere. Es gibt keine Konkurrenz im westlichen Sinn. Deshalb ist ein wirtschaftliches Risiko für Unternehmensleiter ausgeschlossen – ebenso wie ein Bankrott. Das einheitliche Transport-, Post- und Bankwesen, das Heer, die Allunionszweige der Industrie und Kultur und anderes mehr stellen eine feste Verbindung der verschiedenen Gebiete des Landes untereinander her. Dazu kommt freilich das zentralisierte Führungs- und Kontrollsystem, das der Regierung des Landes nahezu unbegrenzte Möglichkeiten für Manipulationen mit materiellen und Menschenreserven im Interesse der ganzen Gesellschaft (freilich nach ihrer Auffassung) gibt.

Im Westen ist die Ansicht verbreitet, in der Sowjetunion sei die Macht in den Händen eines kleinen Häufleins höherer Beamter konzentriert. Wenn man dieses »Führungshäuflein« vernichten würde, hofft man hier, würde das »sowjetische Regime« zusammenbrechen. Diese Meinung beruht auf völligem Unverständnis für die Struktur und das Wesen der Macht in der kommunistischen Gesellschaft. Im Falle einer Vernichtung des »Führungshäufleins« träte doch sofort ein anderes »Häuflein« in Erscheinung, das die Funktionen des vorhergehenden um nichts schlechter erfüllen würde. Diese Gesellschaft verfügt über kolossale Menschenreserven, die alle beliebigen Funktionen im Machtsystem zu erfüllen imstande sind. Sie vermag vor allen Dingen mit stupender Geschwindigkeit ihr eigenes Führungssystem zu regenerieren. Diese Gesellschaft kann sowohl im Ganzen als auch in all den einzelnen Gliedern der Kette überhaupt nicht ohne ihr System der Selbstverwaltung existieren. Eben deshalb ist sie in dieser Hinsicht am besten geschützt. Bildlich gesprochen besteht hier nicht die Macht um der Interessen des Körpers der Gesellschaft willen, sondern dieser Körper selbst ist nur ein Anwendungsbereich der Machtfunktionen und eine Arena für das Schauspiel der Macht. Es gibt zwar plausible Gründe zu der Annahme, daß die Hypertrophie des Machtsystems eines Tages die Schwächung und den nachfolgenden Untergang der kommunistischen Gesellschaft als Sondertyp einer sozialen Organisation mitverursachen wird. Aber dazu sind Jahrhunderte nötig. Und vorläufig ist dieses Machtsystem ein zuverlässiger Selbstschutz der Gesellschaft.

Das Machtsystem (das heißt seine Führung und Kontrolle) in der kommunistischen Gesellschaft stellt ein überaus kompliziertes Netz dar, das die Gesellschaft in allen Richtungen und an allen Stellen eng umschließt und in das jedes Individuum, jede

Institution, jedes Unternehmen und jede Gruppe verstrickt ist. Dabei erfüllen verschiedenartige Instanzen ein und dieselbe Machtfunktion. Diese Doppelwirkung scheint überflüssig und unökonomisch. Zum Teil ist das auch so. Doch in bezug auf die Stabilität der Führung ist dies in erster Linie ein Plus. Wenn irgendein Teil dieses Systems aus der Bahn gerät oder schlecht funktioniert, übernehmen andere dessen Funktion und kompensieren den Verlust oder Schaden. Beschlußfassungen werden hier in Form von Abstimmungen der Meinungen verschiedener Instanzen und verantwortlicher Personen getroffen, was riskante Maßnahmen und Abenteuerlust ausschließt. Die gegenseitige Kontrolle schränkt die Möglichkeiten des Mißbrauchs der Amtsgewalt ein. Und die Reserven an fachlichem Nachwuchs sind schier unerschöpflich. Es gibt keine unersetzlichen Menschen – und dieses Prinzip kennt hier praktisch keine Ausnahmen.

Ich will mich hier keineswegs auf die Vorteile versteifen, welche ein zentralisiertes Führungs- und Kontrollsystem in bezug auf den Stabilitätsgrad aufweist. Dieser Vorzug wird besonders bei Naturkatastrophen großen Ausmaßes und im Kriegsfall offenkundig, wo alle Kräfte des Landes eingesetzt werden müssen. Die Kriegserfahrung der Sowjetunion mit Deutschland ist diesbezüglich wirklich eine gute Lehre. Doch sie wird scheinbar negativ bewertet – indem man weniger Vorteile als Nachteile dieses Systems sucht. Diese sind im übrigen dieselben, denn sie haben denselben Ursprung und zeitigen dieselben Folgen.

Die Zähigkeit einer Gesellschaft hängt ebenso davon ab, welchen minimalen Lebensstandard die Bevölkerung zu ertragen imstande ist, und für wie lange. In dieser Hinsicht hat die sowjetische Bevölkerung (vor allem die Bevölkerung der russischen Republik) ein beispielloses historisches Training hinter sich, auf allerniedrigstem, für zivilisierte Völker noch möglichem Lebensniveau und zeitweise sogar an der Grenze menschlicher Möglichkeiten zu existieren. Hier geht es weniger darum, daß die Völker Rußlands gewohnt sind, schlecht zu leben, als vielmehr um die

Lebensweise an sich, die es den Menschen ermöglicht, verhältnismäßig lange Lebensbedingungen zu ertragen, die aus westlicher Sicht extrem schlecht sind. Das Wesentliche an dieser Lebensweise ist die Enteignung und Vergesellschaftung vieler Elemente des menschlichen Lebens, die im Westen in privatem, persönlichem Besitz sind und den Reichtum westlicher Menschen ausmachen oder zumindest die Illusion von Reichtum geben. Viele sowjetische Menschen, die praktisch nichts ihr persönliches Eigentum nennen können, leben besser, als selbst reiche Menschen im Westen. Sogar wenn er ganz arm ist, besitzt der sowjetische Mensch eine Art von Reichtum, die dem Reichtum eines Soldaten entspricht – nämlich ein gewisses garantiertes Minimum von Existenzquellen und Möglichkeiten, solche buchstäblich aus dem Nichts zu erschließen. Daß die Sowjetunion jenen Krieg überstand, verdankt sie in beträchtlichem Maße der Fähigkeit der sowjetischen Bevölkerung, Schwierigkeiten auf sich zu nehmen, die für einen westlichen Bürger unvorstellbar sind. Man denke an ein Kamel und beurteile es nicht aus der Sicht von Tieren, die im und am Wasser leben.

Die Sowjetunion ist ein multinationaler Staat. In einem solchen herrschen normalerweise zwei entgegengesetzte Tendenzen vor – eine zentrifugale und eine zentripetale. Davon, welche der beiden dominiert, hängt die Haltbarkeit von Zusammenschlüssen dieser Art ab. In der Sowjetunion wurde dieses Problem nach der Revolution in bezug auf das Ziel der Erhaltung der administrativen Integrität des Landes optimal gelöst. Die Sowjetunion verwandelte sich in eine Kolonialmacht, jedoch mit umgekehrter Beziehung der Kolonien zur Metropole: Hier ist die Hauptbevölkerung die des Imperiums – und zwar die russische, ihr Territorium aber wurde zum Kolonisationsgebiet für andere Völker. Vertreter der verschiedenen Nationalitäten strebten in die großen russischen Städte mit dem Ziel, hier zu reüssieren, Karriere zu machen, zu spekulieren usw. Als Folge dessen sah sich das russische Volk in diesem Imperium in eine sehr schwierige Lage versetzt. Das russische Volk mußte in erster Linie um Gleichheit unter den anderen Völkern der Sowjetunion und Unabhängigkeit von diesen kämpfen. Aber dazu hat es keinerlei Möglichkeit. Es ist dazu verdammt, auf seinen Schultern die Hauptlast der historischen Rolle des sowjetischen Imperiums zu tragen. Und was die übrigen Völker betrifft, so begann innerhalb dieser die zentripetale Tendenz zu dominieren – und zwar so stark, daß die ihr entgegengesetzte Tendenz (die zentrifugale) überhaupt nicht ernstzunehmend ins Gewicht fällt. Oberflächliche Annahmen und Spekulationen über die mögliche Zukunft gibt es mehr als genug. Doch die Bevölkerung der Nationalrepubliken ist nicht so dumm, daß sie die Vorteile des Verbleibens innerhalb des sowjetischen Imperiums nicht sähe. Es ist leicht, Separationstendenzen zu entwickeln, wenn man von vorneherein weiß, daß eine solche Separation unmöglich und unnötig ist! Ich möchte hier nicht vom Verhältnis des Gros der Bevölkerung zu ihrem sozialen System sprechen – über dieses Thema habe ich schon genug geschrieben und gesprochen. Der Kommunismus ist in seinen Grundlagen eine bedeutende Verführung für die Massen der Menschen. Und erst als Folge der Realisierung ihrer lichten Erwartungen geraten die Menschen in eine neue Form der Unfreiheit. Vom Gesichtspunkt der Stabilität des sozialen Organismus erweist sich diese Form der Knechtschaft als ideal.

Für viele Menschen im Westen scheint sich die Frage der Schwächung oder sogar Vernichtung der sowjetischen Sozialstruktur mit der Frage ihrer Destabilisierung zu decken. Aber von einem Zusammenfallen dieser beiden Aspekte kann hier keine Rede sein. Was ist Destabilisierung des Sozialsystems? Das ist die Veränderung der Form seiner Stabilisierung und die Verringerung des Stabilitätsgrades. Letzteren kann man auf verschiedene Weise verringern, doch in der entstandenen historischen Situation hauptsächlich so, daß sich die sowjetische Gesellschaft dem Gesellschaftstyp der westlichen Demokratie maximal annähert. Wie weit ist dies möglich? Würde das eine Schwächung des sowjetischen Systems bedeuten? Außerdem geht die Destabilisierung eines lebendigen sozialen Organismus auf natürliche Weise seinem Alterungsprozeß entsprechend vor sich. Welche Anzeichen sind in diesem Falle als Zeichen der Alterung des Systems zu werten? Kann man diesen Prozeß beschleunigen? Im Westen wird diesbezüglich viel geschrieben und geredet. Doch fast immer wird dabei das Wunschbild als Realität ausgegeben; die willkürlichen Urteile jedoch beruhen in keiner Weise auf einer seriösen wissenschaftlichen Analyse. Das Altern eines sozialen Organismus ist ein Prozeß, der sich über Jahrhunderte und sogar Jahrtausende hinzieht. Selbst aus der Annahme, daß Methoden zur Destabilisierung der sowjetischen Gesellschaft gefunden sind, folgt nicht, daß sie den Weg der Schwächung und des Zusammenbruchs demütig beschreiten wird. Sie wird irgendwelche anderen Mittel zum Selbstschutz und zur Selbsterhaltung ausfindig machen, irgendwelche sozialen »Stützpfeiler«, die das verringerte Stabilitätsvermögen kompensieren. Man kann unmöglich vorhersehen, in welcher Form die Sowjetunion dem Westen gefährlicher ist – als Gesellschaft mit hohem Stabilitätsgrad oder mit niedrigem. Genaue wissenschaftliche Untersuchungen könnten aufdecken (und dafür bestehen ernstzunehmende Grundlagen), daß die Sowjetunion in der Stalinzeit stabiler war als jetzt. Doch bedeutet das etwa, daß sie jetzt schwächer geworden ist? Keinesfalls. So tragen beispielsweise eine Erhöhung des Lebensstandards der Bevölkerung und eine Liberalisierung des kulturellen Lebens zu einer relativen Senkung des Stabilitätsgrades bei, führen jedoch, absolut gesehen, zu einer erhöhten Macht des Landes. Schließlich sagt man »Was uns nicht umbringt, macht uns stärker« nicht nur um der schönen Worte willen.

Die dialektische und die formale Logik

Stalin befahl, Formallogik als Unterrichtsfach in der Mittelschule und in humanistischen höheren Schulen einzuführen, als der Krieg gerade im kritischsten Stadium war. Man muß annehmen, daß dies bedeutend zu unserem Sieg über den Feind beitrug. Jedoch kaum zum intellektuellen Fortschritt in unserem Land. Obwohl man Logik als Unterrichtsfach einführte, tat man dies nicht, um ihre Notwendigkeit zu demonstrieren, sondern vielmehr ihre Überflüssigkeit, zumal wir eine höhere, dialektische Logik haben, die ungleich stärker und mächtiger ist als die formale Logik. Der Dozent, der uns in Logik unterrichtete, begann seine Ausführungen auch mit diesem Vergleich: Die dialektische Logik verhalte sich zur formalen genauso wie ein Bagger zu einer Schaufel. Später, als man die dialektische Logik zu kritisieren und sie eine linkische Überspitzung und Vulgarisierung des Marxismus zu nennen begann, schlug sich besagter Dozent auf die Seite der Formallogik. Zu der Zeit hörte er irgendwo etwas von Implikation, Schlußfolgerung und Disjunktion läuten und gelangte in den Ruf eines Gelehrten, der auf der Höhe der Wissenschaft des 20. Jahrhunderts stand.

Das kulturelle Niveau des Jahrhunderts indes vermochte der Dozent erst einige Jahre später zu erklimmen. Diesmal gab er uns in einer zehnteiligen Vortragsreihe einen Aufsatz Lenins zum besten, in welchem der Führer des Weltproletariats die formale Logik zwar für den Hausgebrauch anerkannte, dennoch aber Bucharin niedermachte dafür, daß dieser von der Position der formalen und nicht der dialektischen Logik an die Analyse der Gewerkschaften heranging. »Laut Bucharin«, sprach Iljitsch, »sind die Gewerkschaften einerseits so, andererseits anders. Das ist typische Formallogik. In Wirklichkeit aber, das heißt vom Standpunkt der dialektischen Logik aus, sind Gewerkschaften, von beiden Seiten her betrachtet, Schulen des Kommunismus.«

Um die Begrenztheit der Formallogik zu illustrieren, führte Lenin das Beispiel eines Glases an. »Ein Glas«, sagte er (offenbar pflegte er dabei ein Glas in den Händen zu drehen oder Wasser daraus zu trinken, das bei solchen Sitzungen üblicherweise in einer Karaffe bereitsteht, »kann man auf der einen Seite als Werkzeug zum Einschlagen von Nägeln verwenden, und auf der anderen Seite als Gefäß zum Trinken.« Das alles kaute uns auch der Dozent vor, Fachmann für dialektische Logik, der sich zur materiellen (!) Implikation hinentwickelt hatte. Er führte dies alles so lange und peinlich genau aus, daß er am Ende selbst verwirrt war und erklärte, ein Glas sei, nach Lenin, von allen Seiten betrachtet eine Schule des Kommunismus und mit Gewerkschaften könne man Nägel einschlagen. Nach dieser Geschichte mußte der Dozent die dialektische Logik an den Nagel hängen und sich auf Formallogik umstellen.

Die logische Diktatur der Sprache

Unsere Beziehungen mit der Welt, in der wir leben, werden durch die Sprache vermittelt. Diese Vermittlung spielt für uns eine weit ernster zu nehmende Rolle, als man gewöhnlich meint. Hier genügt es uns nicht zu sagen, daß diese Rolle groß oder sogar gewaltig sei; die Worte »groß« und »gewaltig« sagen im gegebenen Fall absolut nichts über die Qualität der Rolle aus, die sie spielt, mag sie quantitativ auch unbedeutend sein. Wir Menschen besitzen bestimmte Eigenschaften, die sich als Ergebnis einer langen sozial-biologischen Evolution herausgebildet haben. Wir leben unter bestimmten historisch gegebenen Bedingungen. Und deshalb sind wir von Generation zu Generation gezwungen, in unserer Umwelt nur bestimmte Phänomene hervorzuheben, diese Aussonderung mit bestimmten uns zur Verfügung stehenden Mitteln durchzuführen und die von uns hervorgehobenen und reflektierten Erscheinungen mit bestimmten sprachlichen Mitteln festzuhalten. Wir operieren mit diesen Mitteln, ohne uns Rechenschaft über ihre Herkunft und logischen Eigenschaften abzulegen. Dabei erfahren wir aus der Welt lediglich das, was uns diese Mittel zu unserer Erkenntnis gestatten und wozu sie uns zwingen. Eine gewisse Zeit reichen sie für unsere Orientierung in der Welt, für das Festhalten unserer Lebenserfahrung und die Ergebnisse unserer Erkenntnisse völlig aus. Doch im Erkenntnisprozeß können Situationen entstehen, in denen der Umgang mit gewöhnlichen Sprachmitteln ein ernstzunehmendes Hindernis auf dem Weg zum Verständnis der Erscheinungen in Natur und Gesellschaft wird und zu Verwirrung und Irrtümern führt. Um sich aus dieser mißlichen Lage zu befreien, ist ein spezielles Studium sowie die Vervollkommnung der vorhandenen sprachlichen Mittel erforderlich, aber auch die Erfindung neuer. An solchen Situationen in bezug auf die Erscheinungen der Natur war das vergangene Jahrhundert besonders reich. Dies stimulierte die logischen Forschungen auf dem Gebiet der Sprache der Wissenschaft und der Umgangssprache im höchsten Maße. Jetzt ist die Zeit gekommen, da das Bedürfnis nach Erkenntnis auf dem Gebiet des Lebens der Gesellschaft von der Idee her den weiteren Fortschritt in dieser Richtung stimulieren muß.

Die Vervollkommnung des logischen Aspekts der Sprache befreit den Menschen bis zu einem gewissen Grad von jener negativen Macht, die ein schlechter Zustand der Sprache auf sein Bewußtsein ausübt. Doch dafür verleiht sie dem Menschen die positive Macht der Sprache in dem Sinn, daß dadurch die Grenzen zwischen Möglichem und Unvermeidlichem sichtbar werden.